Kevin Leman

Das Frauen Anti Stress Buch

Kevin Leman

Das Frauen Anti Stress Buch

Der Weg zu mehr Gelassenheit und Entspannung

Brunnen Verlag · Basel und Gießen

ABCteam-Bücher erscheinen in folgenden Verlagen:
Aussaat Verlag Neukirchen-Vluyn
R. Brockhaus Verlag Wuppertal
Brunnen Verlag Basel und Gießen
Christliches Verlagshaus Stuttgart
Oncken Verlag Wuppertal und Kassel

Die Deutsche Bibliothek – CIP-Einheitsaufnahme

Leman, Kevin:
Das Frauen Anti Stress Buch : der Weg zu mehr Gelassenheit und Entspannung / Kevin Leman. – Basel: Brunnen-Verl., 2001
ISBN 3-7655-1228-1

Titel der amerikanischen Originalausgabe:
The Six Stress Points in a Woman's Life,
erschienen bei Baker Book House,
Grand Rapids, Michigan, USA

Aus dem Amerikanischen von Barbara M. Trebing

Umschlag: Michael Basler, Lörrach
Bild: Image Bank, Berlin
Satz: Bertschi & Messmer AG, Basel
Druck: Clausen & Bosse, Leck
Printed in Germany

ISBN 3–7655–1228–1

Inhalt

Kapitel 1

Ein Arzt ist schließlich auch nur ein Mann!

«Was weiß der schon von Krämpfen und Schwangerschaftsstreifen?!»

Halt, sagen Sie es nicht – ich kann mir vorstellen, was Sie denken. «Was versteht dieser Mensch schon von Frauen und Stress, selbst wenn er Psychologe ist? Wieso bildet er sich ein, er könnte etwas über Dinge sagen, die er selbst nie erleben wird und kann? Wann hat er denn das letzte Mal versucht, Windeln zu wechseln, die verschüttete Milch aufzuwischen und gleichzeitig das Telefon zu beantworten, während der für den nächsten Monat angekündigte Neuankömmling ihm ständig in die Rippen kickt? Und was weiß er schon von Krämpfen und Schwangerschaftsstreifen?»

Aber bevor Sie mich – ich meine natürlich mein Buch – ins Regal verbannen, hören Sie mich bitte erst einmal an. Ich gebe zu, es gehört für einen Mann schon eine gewisse Unverfrorenheit dazu, sich auf ein dermaßen heikles Gebiet vorzuwagen. Doch dreierlei motiviert mich – und qualifiziert mich hoffentlich auch –, dennoch dieses Buch zu schreiben.

1. Ich habe mit Hunderten von gestressten Müttern gesprochen

Seit fünfundzwanzig Jahren praktiziere ich nun schon als Psychotherapeut, und in dieser Zeit sind Hunderte von gestressten Frauen in meine Sprechstunde gekommen, die im Grunde alle das eine Anliegen hatten:

«Was kann ich tun, damit ich nicht durchdrehe?»

Die meisten dieser Frauen waren nicht nur gestresst, sondern total am Anschlag – viele von ihnen hoffnungslos überlastet mit ihren kleinen Kindern. Die junge Mutter mit dem Baby auf dem Arm, die das linke Bein hinter sich herzieht und es nur mit äußerster Anstrengung schafft, sich auf einem Stuhl im Wartezimmer niederzulassen: Ein solcher Anblick ist in meiner Praxis an der Tagesordnung. Was ist los mit ihr? Hat sie irgendeine Nervenstörung im Bein? Nein – es hängt nur ein weiteres Kind daran!

Aber nicht nur im Sprechzimmer bekomme ich die Stressprobleme der Frauen aus erster Hand zu hören. Ich bin in diesen fünfundzwanzig Jahren auch oft im ganzen Land zu Vorträgen unterwegs gewesen und habe mit Tausenden von Frauen gesprochen, die «kurz vor dem Kollaps standen». Viele waren so fix und fertig, dass sie am liebsten alles hingeschmissen hätten: «Nur noch raus und weg, irgendwohin, wo man ein bisschen Ruhe und Frieden hat. Sollen Mann und Kinder doch sehen, wie sie allein zurechtkommen!»

Vor einiger Zeit habe ich in einer Frauenzeitschrift einen Artikel gelesen, der genau die Frau beschreibt, der ich ständig in meiner Praxis begegne und die ich in Kirchgemeindesälen und den Aulen der Schulen antreffe, in denen ich meine Vorträge halte. Die Siebenunddreißigjährige mit einem Zweijährigen und einem sechs Monate alten Kleinkind, die sie rund um die Uhr in Atem halten, konnte sich schließlich nur noch unter die Dusche flüchten, wo sie eine Stunde lang ununterbrochen schrie: «Ich kann nicht mehr! Ich schaffe es nicht! Ich dreh durch!»

Was aber erreiche ich bei all den Gesprächen mit derart gestressten Frauen? Nun, in Hunderten von Fällen habe ich erlebt, dass Frauen tatsächlich lernen können, Stress zu reduzieren, ja, Stress sogar positiv zu nutzen, wenn sie nur erst einmal beginnen, sich nicht länger von den Umständen beherrschen zu lassen, sondern ihr Leben selbst zu organisieren. Das Hauptanliegen dieses Buches ist es, Ihnen ein paar praktische Tipps zu geben, damit Ihnen das auch gelingt.

Das ist einer der Gründe, warum ich meine, mich zum Thema Frauen und Stress äußern zu dürfen. Aber es gibt noch andere ...

2. Ich hatte eine ausgezeichnete Lehrerin mit viel Erfahrung, was Stress und Mutterschaft betrifft

Diese Lehrerin war natürlich meine eigene Frau. Sandy hilft mir seit mindestens fünfunddreißig Jahren zu verstehen, was Stress für Frauen bedeutet. Zweiunddreißig dieser Jahre sind wir verheiratet und haben in dieser Zeit fünf Kinder großgezogen, Holly, Krissy, Kevin, Hannah und Lauren. Aber gelernt habe ich schon früher von Sandy. Bereits in den drei Jahren unserer Freundschaft, bevor wir einander offiziell das Jawort gaben, hat sie mir eine ganze Menge über die tiefen Unterschiede zwischen Mann und Frau beigebracht.

Die Verfechterinnen des Feminismus haben meines Erachtens viel Positives erreicht. Einen großen Fehler haben manche ihrer radikaleren Vertreterinnen jedoch gemacht, indem sie behaupten, es gebe zwischen Mann und Frau keine wirklich wichtigen Unterschiede. Sie haben *Gleichwertigkeit* mit *Gleichheit* verwechselt. Wenn ich in diesem Buch etwas deutlich machen möchte, dann dies, dass Männer und Frauen verschieden sind – und: *Vive la différence*! Ja, ich versichere Ihnen, wenn ein Mann sich der genetischen, körperlichen und emotionalen Unterschiede zwischen ihm und seiner Frau wirklich bewusst wird, dann wird er ein besserer Ehemann!

Einer dieser Unterschiede betrifft die Sexualität. Ich erlebe ständig, wie Männer sich – meist aus purer Unwissenheit – über diesen Unterschied hinwegsetzen. Ich habe Verständnis für jeden Mann, der überhaupt nicht begreifen kann, dass seine Frau nicht voller Begeisterung mit ihm schlafen will, wenn und sooft *er* es will – weil ich nämlich in den ersten Jahren unserer Ehe genauso naiv war.

Ich meinte, das Großartigste, was wir miteinander machen könnten, sei zu *kopulieren*. Sandy brachte mir bei, dass es das Großartigste ist, miteinander zu *kommunizieren*. Von ihr lernte ich, dass eine Frau sich gern in den Arm nehmen und lieben, nicht aber begrapschen und benutzen lässt. Und sie zeigte mir, dass Sex etwas Wunderbares ist, wenn er auf gegenseitigem Verständnis und auf Liebe beruht. Dass es dabei um mehr, um viel mehr als bloße Triebbefriedigung geht.

Nachhilfeunterricht in einem anderen Themenbereich bekam ich in Sandys Abwesenheit: wenn ich einmal einen Tag lang in ihre Hausfrauenrolle schlüpfen musste. An eine dieser Unterrichtseinheiten kann ich mich noch besonders gut erinnern. Sandy ging am Morgen aus dem Haus und war den ganzen Tag fort. Um zehn vor fünf am Abend kam sie wieder heim. Meine ersten Worte waren: «Endlich bist du da! Du warst ja eine Ewigkeit weg!»

«Eine Ewigkeit? Die paar Stunden seit heute Morgen um neun?»

«Das kann überhaupt nicht sein!», erwiderte ich.

Sandy ging ins Wohnzimmer und erblickte das Durcheinander aus Spielsachen, Dreirädern und diversen anderen Gegenständen. Sie gehört zu den Frauen, die zu Hause gerne Ordnung haben. Nun kniff sie die Augen zusammen, drehte sich zu mir um und fragte: «Was ist denn hier passiert?»

In dem Moment empfand ich dasselbe Gefühl der Überforderung und der Hoffnungslosigkeit, das so viele Frauen täglich, wenn nicht stündlich erleben. «Ich weiß auch nicht», erwiderte ich. «Ich hab schon dreimal aufgeräumt, aber ich weiß nicht … Ich meine, vor kurzem ist hier noch ein Kind mit dem Dreirad durchgedüst … Ich hab das Kind nicht mal gekannt … Und die Zwillinge von nebenan waren da, und, na ja, du weißt schon …»

Sandy grinste, und wir machten uns gemeinsam daran, die Ordnung wiederherzustellen. Sie hätte sagen können: «Jetzt weißt du endlich mal, was ich hier durchmache!» Aber sie tat es nicht. Sie ließ mich aus meinen eigenen Erfahrungen lernen, und ich kann Ihnen versichern, an jenem Tag habe ich eine Menge gelernt.

Ich empfand denselben Frust, wie ihn eine Frau erlebt, wenn Mann und Kinder nicht hinter sich her aufräumen. Man könnte vom «Bananenschalensyndrom» sprechen:

Irgendjemand lässt mitten in der Küche eine Bananenschale fallen. Mann und Kinder gehen ein paar Mal an den Kühlschrank oder die Spüle, aber keiner sieht die Bananenschale und hebt sie auf. Und wenn jemand sie sieht, dann macht er einfach einen großen Bogen darum! Wer aber hebt die Bananenschale schließlich auf? Wir wissen es alle. Kein Wunder, dass so viele Mütter das Gefühl haben, sie seien Menschen zweiter Klasse oder Sklavinnen, deren Hauptaufgabe im Leben es ist, hinter der Familie her aufzuräumen.

Wo immer möglich fordere ich die Männer auf, eine Zeit lang – und sei es nur für ein paar Tage – die Rolle ihrer Frauen zu übernehmen und aus eigener Anschauung zu lernen, was diese alles zu bewältigen haben. Meine psychotherapeutische Praxis, die Vorträge und die Fernseharbeit sowie das hektische, aber glückliche Leben mit Sandy und unseren fünf Kindern haben mich so weit sensibilisiert, dass ich mir einbilde, mich wenn nötig bewusst in die Gedanken und Gefühle einer Frau hineinversetzen zu können. Das ist wichtig für meine therapeutische Arbeit, wenn es darum geht, «mit den Augen» meiner Klientinnen das Leben so zu sehen, wie es sich ihnen präsentiert. Ich weiß, wovon die Mutter spricht, die mir erzählt:

> An manchen Tagen, wenn ich die Kinder in die Schule fahre und wieder abhole; die Hemden meines Mannes in die Reinigung bringe («bitte nur leicht stärken»); einkaufe; in der Schule helfe, die Aula für den Bazar zu schmücken; und im Haus ein wenig aufräume – dann komme ich kaum dazu, zwischendurch mal zur Toilette zu gehen.

Die scharfsinnige Beobachtung dieser Frau bestätigt eine persönliche Theorie, die ich schon lange vertrete: Männer sind ein-, Frauen mehrdimensional. Wir Männer können ein oder zwei Dinge richtig tun, und dann fangen wir an zu jammern, weil wir so «unter Druck stehen». Ich will diesen Druck nicht abstreiten. Ich kenne ihn auch. Aber ich glaube einfach, dass die Frauen im Vergleich zu den Männern mehrdimensional sind: Sie können mehrere Dinge gleichzeitig erledigen und gleichzeitig verschiedene Rollen spielen. Ich habe keinen Beweis für meine These, und ich weiß, dass einige meiner Kollegen das Ganze damit erklären würden, dass Frauen aufgrund unserer gesellschaftlichen Strukturen mehrdimensional *wirken.* Aber ich bin mir da nicht so sicher.

Ich habe mir viele Gedanken darüber gemacht, in welchem Ausmaß sich das Leben einer Frau verändert, wenn sie heiratet und Kinder bekommt. Vergleichen Sie ihre Alltagsroutine doch einmal mit der ihres Mannes. Er kann noch immer mit Kollegen oder Freunden zu Mittag essen, er geht weiter zum Fußballspiel oder in den Chor. Sie dagegen muss es lernen, den Haushalt zu schmeißen, Windeln zu wechseln, zu putzen, aufzuräumen und sich zehn Minuten später schon wieder dem Chaos zu widmen. Und wenn sie Glück hat, kann sie zwischendurch einmal fünfundvierzig Sekunden lang verschnaufen.

Schauen Sie sich die typische Mutter an, wie sie das zehn Monate alte, neun Pfund schwere Paket auf ihrer Hüfte balanciert und nebenher ohne mit der Wimper zu zucken den Frühstückstisch deckt, die Schulbrote schmiert und telefoniert. Lassen Sie einen Mann dasselbe gleichzeitig erledigen, und Sie können die Brote und das Kleinkind vom Fußboden auflesen! Nachdem ich mit Hunderten von Frauen über ihren Kampf mit dem Stress und den täglichen Strapazen des Familienlebens gesprochen habe, bin ich zu der Überzeugung gekommen: Männer sehen sich gern als Räder, die Frauen aber sind die Nabe, um die sich in der Familie alles dreht!

3. Ich hatte meine eigenen dramatischen Erlebnisse mit Stress und musste mich zwingend damit auseinander setzen

Trauen Sie mir inzwischen zu, dass ich etwas über Stress weiß und eine Ahnung habe, wie Frauen lernen können, damit umzugehen? Aber vielleicht denken Sie immer noch: «Er redet von gestressten Frauen – aber weiß er wirklich, was gestresst sein heißt? Wie sich das anfühlt?» Ich glaube, ja. Das heißt: Ja, ich glaube es nicht nur, ich weiß es wirklich.

Für meine eigene Stressgeschichte müssen wir zum Freitag, den 29. März 1985, zurückgehen. Aber davon später. Zunächst möchte ich Ihnen vermitteln, was ich über Stress gelernt habe – über Stress und was er bei viel beschäftigten Müttern und berufstätigen Frauen (oft beides in einer Person) anrichtet. Vor allem aber wollen wir uns Gedanken darüber machen, wie man Stress vermeiden oder zumindest auf ein erträgliches Maß reduzieren kann. Wir wollen uns sechs Bereiche anschauen, in denen die meisten Frauen Stress erleben. Diese Stressbereiche – oder Stressfaktoren – haben sich bei einer Befragung, die ich vor einiger Zeit durchgeführt habe, eindeutig herauskristallisiert. Nach Wichtigkeit geordnet handelt es sich dabei um die folgenden sechs Faktoren:

Kinder – Kinder bekommen, haben, versorgen, erziehen, begleiten, ihnen bei Schulproblemen helfen …

Zeitdruck – Zu viel zu tun haben, dem Leben hinterherrennen, dem hektischen Lebensstil frönen, den heute jeder für normal hält …

Ehemann – Kein Kommentar!

Geld – Meistens das fehlende; lernen, richtig mit dem Haushaltsgeld umzugehen; auch mit wenig zurechtzukommen …

Hausarbeit – Eine Frau hat es so formuliert: «Alles vergeht – die Hausarbeit bleibt.»

Beruf – Über 56 Prozent der Frauen mit Kindern unter achtzehn Jahren sind heute berufstätig.

Meine Umfrage wird es nicht in die Fachzeitschriften schaffen, aber sie bestätigt etwas, was ich auch ständig in meiner Praxis beobachte: Die heutigen Frauen stehen unter einem unglaublichen Druck, in zu vielen Bereichen zu viel leisten zu müssen. Viele brechen unter dieser Last zusammen.

Das muss nicht so sein. Der Kollaps lässt sich vermeiden. Jede Frau kann es lernen, ihren Stresslevel zu reduzieren, wenn sie die praktischen Tipps aus diesem Buch umzusetzen beginnt. Ich biete Ihnen kein esoterisches Geheimwissen an und keine todsicheren Psychotechniken, sondern nur ein paar simple Prinzipien, die aber funktionieren – *wenn man sie befolgt*.

Die letzten vier Worte sind der Schlüssel. Dieses Buch

wird Ihnen nur dann helfen, wenn Sie sich helfen lassen. Viele Frauen lassen sich heute von der Gesellschaft (der Familie, ihren «Schwestern», den Medien und anderen Meinungsmachern) sagen, was sie alles tun und wie sie sein sollen. Aber Sie müssen sich nicht mit einem stressigen Leben abfinden, wie es heute *en vogue* ist.

Anstatt sich dem Gefühl hinzugeben, Sie seien nur noch eine kleine Krise vom endgültigen Zusammenbruch entfernt, können Sie selbst bestimmen, wo es langgeht. Sie können die Frau, die Ehefrau und Mutter sein, mit der Sie – und die anderen – sich am wohlsten fühlen. Die Menschen, die Sie gern haben, werden Sie noch mehr lieben, wenn Sie es lernen, mit Ihrem Stress umzugehen und ihnen, den anderen, bei der Stressbewältigung zu helfen. Glauben Sie mir, es gibt eine Wahl. Das heißt: *Sie* haben die Wahl. Aber die Entscheidung kann Ihnen niemand abnehmen.

Was ich Ihnen hier anzubieten habe, ist kein fauler Zauber. Wenn Sie dieses Buch ausgelesen haben, wird das Leben noch genauso hektisch und anstrengend sein wie vorher. Aber Sie wissen dann besser, wie Sie damit umgehen können. Glauben Sie mir: *Das Durchdrehen kann man vermeiden!*

Kapitel 2

Wo geht's raus aus dem Sumpf?

«Ich hab's geschafft – und ich bin geschafft!»

«Was ist nur passiert, Dr. Leman? Als wir geheiratet haben, dachte ich, ich hätte meinen Traumprinzen gefunden und wir würden jetzt glücklich und in Freuden leben. Aber inzwischen habe ich das Gefühl, er hätte sich in einen Frosch verwandelt und ich hockte mit ihm im Sumpf – mit drei kleinen Fröschen, die ständig quaken und etwas von mir wollen. Ich habe ständig Kopfschmerzen, mein Magen spinnt, und seit kurzem habe ich im linken Auge so ein Zucken. Was soll ich denn tun?»

Fast jede Woche höre ich dieses Lied in den verschiedensten Variationen. Mutter hat die Nase voll. Sie ruft bei mir an, macht einen Termin ab, und dann kommt sie und erzählt mir ihre Geschichte. Und die klingt bei den meisten ziemlich ähnlich: Jung und voller Erwartungen hat sie geheiratet. Dann kamen die Kinder, drei an der Zahl, und nun hat sie das Gefühl, sie sitzt in der Falle. Sie ist total desillusioniert und weiß nicht mehr, wie sie alles schaffen soll.

Der Märchenprinz vom lang zurückliegenden Hochzeitsfest hat ein paar böse Schrammen bekommen. Offenbar hat der gute Harry in dreizehn Jahren ...

... zweimal beim Abwaschen geholfen;
... einmal einen Elternabend besucht;
... keinmal mit dem Kinderarzt Kontakt gehabt;
... seit zweieinhalb Jahren nicht mehr mit der Schwiegermutter geredet;
... am letzten Hochzeitstag an einem Kegelabend teilgenommen (allein, versteht sich).

Natürlich gibt es Frauen, die glücklich wären, sie hätten einen so treuen Mann wie Harry, der wenigstens jeden Abend um fünf den Weg nach Hause findet. Sie beschreiben ihren «Prinzen» dann mit deftigeren Ausdrücken wie «Workaholic», «Säufer» oder «Schürzenjäger». Diese Frauen stehen oft kurz davor durchzudrehen, und eine Scheidung erscheint ihnen als letzte Möglichkeit, um den Verstand nicht völlig zu verlieren.

Stress gehört zu jeder Ehe

Wenn man sich umblickt, scheint die Institution Ehe nicht nur bedroht, sie scheint in Todesgefahr zu sein. Zwischen 50 und 60 Prozent der Paare, die durch den blumengeschmückten Mittelgang der Kirche zum Altar schreiten, um sich dort ihr Jawort zu geben, sind statistisch gesehen dazu verurteilt, irgendwann – meistens innerhalb der ersten sieben Jahre – den steinigen Weg zum Scheidungsrichter zu gehen. Einige so genannte (oder selbst ernannte) Soziologie-Experten verkünden lauthals, die Institution Ehe sei ein Anachronismus, ein Auslaufmodell. Ihrer Meinung nach kann lebenslange Monogamie nicht funktionieren. Dazu kann ich nur sagen: «Quatsch!» Die Institution Ehe ist so gesund wie eh und je. Wer Hilfe braucht, das sind die Menschen, die eine Ehe eingehen, und eine ihrer schlimmsten Krankheiten ist der Stress.

Natürlich kalkuliert das typische Ehepaar nicht von Anfang an ein, dass die Ehe schief gehen könnte. Vor allem die Frauen rechnen eher mit Abendessen bei Kerzenschein, mit Blumen, Romantik und Zärtlichkeit und dann irgendwann einmal mit klugen, folgsamen und hübschen Kindern, die nichts als Supernoten mit nach Hause bringen. Kurz, sie erwarten Freude, Erfolg und Eheglück.

Man könnte meinen, jemand habe vergessen, ihnen von den Problemen zu erzählen.

Nun sind die jungen Männer und Frauen, die heute heiraten, nicht dumm – ganz im Gegenteil. Sie sind ausgesprochen clever. Wenn Eltern, Freunde, Pfarrer und andere wohlmeinende Personen ihnen auch von Problemen und Schwierigkeiten im Ehealltag erzählen, verstehen sie das Gesagte. Ich habe allerdings den Verdacht, dass sie sich das zwar anhören, aber nicht wirklich zuhören. «Wir schaffen das schon», sagen sie. «Bei uns wird das ganz anders, weil wir uns *wirklich* lieben.»

Was sie nicht begreifen, ist, dass jedes traute Heim ein getarnter Druckkessel ist. Kaum sind die Flitterwochen vorbei, flattern die Rechnungen ins Haus, beginnt der Kampf ums Badezimmer, und meistens folgen über kurz oder lang die schmutzigen Windeln und die gestörten Nächte.

Den subtilsten Druck übt vielleicht die Uhr aus. Die Hochzeitstage kommen und gehen, und die Zeit wird immer kostbarer und immer rarer. Wenn ich mit den Frauen rede, die in meiner Praxis erscheinen, habe ich oft den Eindruck: *Es grenzt schon fast an ein Wunder, dass sie über-*

haupt Zeit gehabt haben, ihre Illusionen zu verlieren. Schließlich waren sie vollauf damit beschäftigt, all die Rollen zu spielen, die ihnen mit der Ehe zugewiesen wurden.

Ich erinnere mich an ein Paar, das in meine Praxis kam. Im Lauf des Gesprächs warf der Mann seiner Frau ziemlich abschätzig vor, sie sei in politischer Hinsicht nicht «auf dem Laufenden». Sie schoss sofort scharf zurück: «Wie kann ich mich denn politisch auf dem Laufenden halten? Ich komme ja kaum mit all dem Schulstoff nach, den die Kinder von der Schule mit nach Hause bringen und den ich mit ihnen üben sollte. Ich habe überhaupt keine Zeit, die Zeitung zu lesen oder auch nur die Fernsehnachrichten anzusehen!»

Eine andere Patientin hatte beschlossen, Journalistik zu studieren. Aber dann musste sie das Hauptfach wechseln, weil sie ein Problem hatte: Sie schaffte es nicht, sich ausreichend über die Tagespolitik zu informieren – eine der wichtigsten Voraussetzungen für ein Journalistikstudium. Anscheinend wurde von ihr erwartet, dass sie nach den Vorlesungen, Seminaren und Kursen rechtzeitig nach Hause kam, um das Abendessen zu kochen und anschließend die Küche aufzuräumen, zu waschen, die Wohnung zu putzen, den Garten zu pflegen und fünf Kinder zu bemuttern (vier davon hatte sie selbst zur Welt gebracht – das fünfte hatte sie geheiratet, berichtete sie).

Krokodile im Sumpf des Lebens?

Im Sumpf des Lebens wimmelt es, so sehen es viele, von Krokodilen, die einem bis zu den Hüften reichen. Ich ziehe es vor zu sagen, dass man in diesem Sumpf bis zum Hals im Stress steckt. Gibt es einen Ausweg? Ich meine ja. Aber aus dem Sumpf herauszukommen ist nicht so leicht, wie hineinzugeraten. Mit «Augen zu und durch!» kommt man da nicht weit.

Wenn Sie jemals durch ein echtes Moor gelaufen sind, wissen Sie, wie leicht man sich darin verirren kann, bis man schließlich nur noch im Kreis läuft. Man braucht einen Kompass und eine Karte oder einen Führer, um aus einem Moor herauszufinden – am besten alle drei. Um den Ausweg aus dem mentalen und psychischen Sumpf des Lebens zu finden, müssen Sie erst einmal verstehen, worin Sie herumwaten. Was ist Stress? Wird er durch die Probleme hervorgerufen, oder entstehen die Probleme durch den Stress?

Ich möchte hier nicht lange darüber diskutieren, wer zuerst da war, die Henne oder das Ei, sondern vielmehr vom Standpunkt des Psychologen aus argumentieren, der darauf spezialisiert ist, Müttern, Vätern und Kindern zu helfen. Stress entsteht durch Probleme – durch die Spannungen, die Notfälle und die vielen kleinen Ärgernisse des täglichen Lebens. Das Leben gleicht also einem Druckkessel, und ob Sie gelassen bleiben oder gestresst werden, hängt davon ab, wie Sie mit dem Druck umgehen.

Der Stress macht Kathrin kaputt

Eine Mutter, die wir Kathrin nennen wollen, soll uns als Beispiel dienen für die vielen Frauen, die mich aufsuchen, weil sie mit dem Stress in ihrem Leben nicht zurechtkommen. Kathrin ist vierunddreißig, Hausfrau, Mutter von vier Kindern zwischen drei und zwölf. Ihr Mann Bruno ist Buchhalter und eifrig dabei, in einer großen Firma die Karriereleiter hinaufzuklettern.

Es überrascht nicht, dass Bruno die Kindererziehung vor allem als «Frauensache» ansieht und ganz Kathrin überlässt. Obwohl er es nicht zugeben würde, lässt auch er sich gern bemuttern. Die Antwort auf weltbewegende Fragen wie: «Wo ist mein Hemd? Wo sind meine Schuhe? Ich muss in einer halben Stunde im Büro sein!» erwartet er von seiner Frau. Und dann eilt er davon und schuftet schwer und lang, um «seine Familie zu versorgen».

Und wie kommt Kathrin damit zurecht? Nun, im Grunde genommen gar nicht – sie versucht nur einen Zustand aufrechtzuerhalten, der sie dem Zusammenbruch jeden Tag einen Schritt näher bringt. Sie gibt selbst zu, dass sie schon vor Jahren den Überblick verloren hat. Die Kinder geben Widerworte und machen sich über sie lustig. Sie reagiert zu heftig, schreit und schimpft und verteilt allzu oft Ohrfeigen. Deshalb hat sie natürlich Schuldgefühle, und so setzt der Teufelskreis sich fort.

«Als Mutter habe ich versagt», gesteht sie mir in der Sprechstunde. «Warum kann ich nicht ein bisschen mehr Geduld haben?»

Die Antwort auf die verzweifelte Frage liegt für mich auf der Hand, für Kathrin und viele Frauen wie sie ist sie dagegen nicht so einfach. Sie hat sich zunehmend unter Druck setzen lassen von ihren ungezogenen Kindern und einem Mann, der sich aus allem heraushält und meint, wenn er sich tagsüber im Büro abrackere, dürfe er am Abend verlangen, dass man ihm seine Ruhe lasse, damit er sich von «dem schrecklichen Tag und dem unmöglichen Boss» erholen könne. Für die Kinder nimmt er sich kaum Zeit. Stattdessen hält er nach dem Abendessen ein zweistündiges Nickerchen und erwartet dann von Kathrin, dass sie beim Zubettgehen noch Lust hat, «ein bisschen mit ihm zu schmusen».

Kathrin aber ist nicht nur todmüde, sondern – natürlich! – auch wütend auf Bruno, weil er zu Hause keinen Finger rührt. Sie hat das Gefühl, sie sei Dienstmädchen und Mätresse in einer Person. Unter diesen Voraussetzungen erscheint die Aussicht auf Sex mit Bruno so verlockend wie das Ausmisten der Garage.

Aber Kathrin watet verbissen durch ihren Stress-Sumpf und versucht, das ganze Durcheinander mit der Lüge zu rechtfertigen, die ihr Mann ihr (und sich selbst) erzählt: «He, was glaubst du eigentlich, warum ich das alles auf mich nehme und mich kaputtarbeite? Ich tue das schließlich nur für dich und die Kinder!»

Traurig, aber wahr: Kathrin glaubt, genau wie Bruno, sein Job, sein Erfolg, seine Stellung und sein wachsendes Einkommen seien das Wichtigste im Leben. Die ganze Familie leidet unter dem hektischen Lebensstil, am meisten Kathrin selbst. Sie ist das typische Beispiel einer Mutter, die zu mir in die Praxis kommt, weil sie nicht mehr ein noch aus weiß. Neben den seelischen Problemen – Schuldgefühlen, Wut und Frust – weisen solche Frauen meist auch noch körperliche Symptome auf. Der zu große Stress zeigt sich in Herzrasen, Schweißausbrüchen, Darm- und Verdauungsbeschwerden und Kopfschmerz – vor allem Migräne, unter der auch Kathrin regelmäßig zu leiden hat.

Die Kathrins dieser Welt versuchen das durch den Gang zum Arzt in den Griff zu bekommen. Sie geben im Jahr Abermillionen Dollar für Medikamente aus. Weitere Millionen gehen für Alkohol drauf – und das alles im Versuch, dem Druckkessel zu entfliehen, den man das «moderne Leben» nennt.

Wenn eine Frau wie Kathrin zu mir kommt, hofft sie meistens, dass ich irgendeinen «psychologischen Zauber» anwende, der ihr helfen kann, mit dem gleichgültigen Mann und den unmöglichen Kindern fertig zu werden. So ein Zaubermittel habe ich natürlich nicht. Aber ich habe ein paar praktische Tipps. Kathrin muss zunächst einmal in Grundzügen wissen, was Stress überhaupt ist. Und dann muss sie ein paar Grundtechniken lernen, um mit dem Druck umzugehen und die Bereiche ihres Lebens zu identifizieren, in denen der Stress zu groß ist.

Ich will hier nicht allzu technisch werden, aber ich möchte doch kurz aufzeigen, wie die vielfältigen Anforderungen und Überforderungen des Lebens sich zu etwas aufbauen, was wir zwar nicht sehen, beim Waten durch den Sumpf unseres Lebens aber sicher spüren können.

Warum Stress so gefährlich ist

Bei unserem kurzen Überblick über den Stress werde ich mich vor allem auf die Forschungsergebnisse von zwei Männern stützen:

1. Dr. Hans Selye ist der große alte Mann der Stressforschung, der den Stress in den Jahren um 1930 «entdeckte». Selye hat viele Artikel und Fachbücher zum Thema geschrieben, außerdem drei allgemein verständliche Bücher für ein breiteres Publikum: *Stress Without Distress*, *From Dream to Discovery* und *The Stress of Life*.

2. Dr. Richard Ecker, der Gründer und Direktor des «Life Management Institute», ist der Autor von *Staying Well* und *The Stress Myth*.

Mit den Schriften von Dr. Selye kam ich vor vielen Jahren während meines Studiums an der Universität von Arizona das erste Mal in Berührung. Natürlich hat Selye den Stress nicht entdeckt. Aber er hat als erster den Stress als Ursache körperlicher Krankheiten erkannt. Einer seiner Hauptbeiträge zum Verständnis von Stress war das von ihm so bezeichnete «Adaptations-Syndrom» oder «Anpassungssyndrom», über das er in den fünfziger Jahren des vergangenen Jahrhunderts zahlreiche Bücher und Artikel verfasste. Das Adaptations-Syndrom, A.A.S., umfasst drei Phasen: die Alarmierungs-Phase, die Widerstands-Phase und die Erschöpfungs-Phase.

Und so funktioniert das Syndrom: Unser Körper ist von unserem Schöpfer wunderbar dafür ausgerüstet, auf Gefahren zu reagieren. Wenn wir durch unsere Sinnesorgane – Augen, Ohren, Nase oder den Tastsinn – eine Gefahr erkennen, senden unsere Nerven eine Botschaft an die Hirnanhangdrüse, die das so genannte adrenocorticotrope Hormon produziert – kurz ACTH.

Das ACTH wandert durch die Blutbahnen zu den Nebennieren. Hier, in der Nebennierenrinde, produziert der Körper dann jene Substanz, die wir als Adrenalin kennen und bei der wir meist an irgendwelche Sportler denken, die sich vor einem Wettkampf oder anderen Ereignissen, die besondere körperliche Anstrengung erfordern, «aufputschen».

Aufgabe der Nebennieren ist es, den Herzschlag zu beschleunigen, den Blutdruck zu steigern, den Atem zu beschleunigen und Zucker und Fett in den Blutkreislauf freizusetzen. Damit wird der Körper auf die nächste Phase, den Widerstand, vorbereitet. Selye spricht von «Kämpfen oder Fliehen» (*fight or flight*). Wir kämpfen gegen den Stress physisch oder psychisch, auf jeden Fall mit allen Mitteln, die uns zur Verfügung stehen. Wenn wir Erfolg haben, verschwindet die Bedrohung unseres Wohlbefindens, und der Körper entspannt sich mit Hilfe des parasympathischen Nervensystems. Atem und Blutdruck werden wieder normal. Die Anspannung der Muskeln löst sich. Die Pupillen, die sich geweitet hatten, gehen auf ihre normale Größe zurück.

Wir erleben jeden Tag Stresssituationen und hoffen meistens, dabei nur die ersten beiden Phasen des Anpassungssyndroms durchzumachen, von denen Selye spricht: Alarm und Widerstand. Nehmen wir zum Beispiel an, Sie sind mit dem Auto unterwegs zu Ihrer Arbeitsstelle. Sie spielen am Autoradio herum, suchen einen neuen Sender und sind einen Augenblick lang vom Verkehr abgelenkt. Als Sie aufblicken, sehen Sie, dass die Autos vor Ihnen angehalten haben, weil vorne die Ampel auf Rot gesprungen ist. Die Stoßstange Ihres Vordermannes ist nicht mehr weit entfernt! Sofort befinden Sie sich in der Alarmphase, und das Adrenalin wird in Ihren Kreislauf gepumpt. Sie treten die Bremse durch (Widerstands-Phase) und kommen nur Zentimeter hinter dem Heck Ihres Vordermannes zum Stehen.

Während Sie warten, dass die Ampel wieder auf Grün wechselt, gehen Sie durch die letzte Phase des Widerstands, Ihr Körper beruhigt sich wieder. Das Herz, das Ihnen vorübergehend bis zum Hals hinauf geschlagen hat, rutscht wieder in Ihre Brust zurück. Ihre Knie zittern, als wären sie aus Gummi. Als die Ampel auf Grün springt, können Sie kaum das Gaspedal betätigen. Und dann fahren Sie weiter zur Arbeit. Bis Sie dort ankommen, sind Sie wieder «normal». Sie sind mit dem Stress eines beinah verursachten Auffahrunfalls fertig geworden, und alles ist wieder okay.

Aber nehmen wir einmal an, Ihnen läuft sofort der Chef über den Weg und schnauzt Sie an. Er ist wütend, weil Sie ihm den für gestern fälligen Bericht nicht pünktlich abgeliefert haben. Wieder durchlaufen Sie die Alarm- und die Widerstands-Phase. Vielleicht stehen Sie die erste Konfrontation mit dem Chef noch ganz gut durch; aber eine Stunde später staucht er Sie schon wieder wegen irgendetwas zusammen und dann noch einmal. Nehmen wir an, es ginge einige Tage oder sogar Wochen in diesem Stil weiter. Nun staut sich der Stress allmählich an. Wenn es ganz schlimm kommt, dann erleben Sie das, was Selye die Erschöpfungs-Phase nennt, und in dieser Phase können Sie unter dem Druck zusammenbrechen.

In der Erschöpfungs-Phase werden die Körperorgane enorm beansprucht. In der Erschöpfungs-Phase bekommen wir Darmbeschwerden, hohen Blutdruck, Magengeschwüre oder sogar einen Herzinfarkt. Viele Frauen und Mütter, die zu mir in die Praxis kommen, befinden sich in irgendeiner Weise in dieser Erschöpfungs-Phase.

Richard Ecker sagt dazu in seinem hilfreichen Buch *The Stress Myth*: «Es steht außer Frage, dass Stress heute in der amerikanischen Gesellschaft der wichtigste negative Einfluss auf die Gesundheit ist.» Ecker meint, die Gesellschaft werde vom Stress heimgesucht, weil wir glauben, Stress sei heute unvermeidlich und wir seien die Opfer einer komplizierten Welt, auf die wir keinen Einfluss mehr haben. Er behauptet, das sei ein Mythos, und wir würden viel zu viel Zeit auf das verwenden, was er *Stress-Intervention* nennt (das Erlernen von Techniken wie Bio-Feedback, Meditation oder Hypnose), und zu wenig auf die *Stress-Prävention*, also das Erlernen von Techniken, mit denen wir den Stress unter Kontrolle bringen und dafür sorgen können, dass Probleme gar nicht erst in zu viel Stress ausarten.

Es ist fatal, dass viele der Frauen, die zu mir kommen, ihren Stressüberhang selbst verursacht haben. Wie die oben beschriebene Kathrin sind sie dem Irrtum verfallen, sie müssten es allen recht machen, und zwar immer und jederzeit. Wie aber kommt es, dass es in einer Gesellschaft, der es so gut geht wie der unseren, mehr Stress gibt als je zuvor in der Geschichte? Einer der Hauptgründe besteht darin, dass wir nicht mehr warten können.

Als ich noch klein war – wir lebten damals im Westen von New York –, habe ich nur selten einen Mercedes oder Cadillac zu Gesicht bekommen, und wenn, dann hatte der Fahrer meistens graue Haare. Heute wimmelt es auf unseren Straßen von Nobelschlitten, und kein Mensch dreht sich um, wenn am Steuer eine junge Mutter sitzt, die ihr Kind oder ihre Kinder in den Kindergarten bringt. Können so junge Eltern sich denn einen so teuren Wagen leisten? Einige sicher, aber viele eigentlich nicht, und deshalb muss Vater im Büro jede Menge Überstunden machen und Mutter auch einen Job suchen.

Und all das baut eine Art von Stress auf, der nicht einfach nach der Alarm- und Widerstands-Phase – kämpfen oder fliehen – wieder abgebaut ist. Der Stress, der unsere heutige Gesellschaft im Griff hat, ist dauerhaft, allgegenwärtig. Er laugt Frauen, Männer und Kinder aus, und er lässt ganze Familien erschöpft zurück.

Der Ansturm, den ich in meiner Praxis erlebe, ist für mich ein klarer Hinweis darauf, dass sich die heutige Familie auf Grund von anhaltendem Stress in einer Dauerkrise befindet. Es ist sicher nicht übertrieben, wenn ich behaupte, dass unsere Familien sich in der Erschöpfungs-Phase befinden. Ich begegne immer mehr jungen Erwachsenen, die Angst haben zu heiraten. Sie sehen sich die ältere Generation an – meine Generation – und stellen fest, dass wir die ehrwürdige Institution Ehe nicht allzu gut gepflegt haben. Mehr als die Hälfte aller Ehen endet in der Scheidung, und die Anzahl der Haushalte, die von allein stehenden Müttern geführt werden, ist so groß wie nie zuvor. Die durchschnittliche Ehe hält gerade mal sieben Jahre. (Da hat sogar Ihr Kühlschrank wahrscheinlich eine doppelt so lange Lebensdauer!)

Eine andere beunruhigende Statistik besagt, dass nur 14 Prozent aller Familien noch in die Kategorie «traditionell» fallen. «Traditionell» bedeutet in diesem Zusammenhang: Vater und Mutter leben in erster Ehe zusammen, und die Kinder wachsen in einer Familie auf, wo der Vater «die Brötchen verdient» und die Mutter zu Hause bleibt und sich um die Kinder kümmert.

Eine weitere Statistik, die mich ebenfalls beschäftigt, stellt fest, dass der durchschnittliche amerikanische Eigenheimbesitzer nur sieben Jahre am selben Ort wohnt. Vor kurzem wurde ich von einem Reporter einer großen

Zeitung interviewt. Er wollte einen Artikel über die «Völkerwanderung» in den USA von den Staaten des Nordostens zum so genannten Sonnengürtel schreiben. Er fragte mich, wo die Leute meiner Meinung nach wohnen sollten, und weil ich aus Tucson in Arizona stamme, rechnete er sicher damit, ich würde das warme, trockene Klima des Südwestens anpreisen.

Er schien erstaunt, als ich entgegnete, Ehepaare sollten so nah wie möglich bei mindestens einem Großelternpaar wohnen. Er meinte, ich hätte ihn wohl falsch verstanden, aber ich versicherte ihm, dass ich seine Frage sehr wohl begriffen hätte.

«Ich will damit Folgendes sagen», erklärte ich ihm. «Die heutigen Familien verpassen wirklich etwas. Sie sind zu kleinen Zellen geworden, die versuchen, weitab von der Großfamilie und ohne deren Unterstützung allein zurechtzukommen. Meine Generation hatte das Glück und den Vorteil, dass wir von Tanten, Onkeln und Cousins umgeben aufwachsen konnten. Das kann eine regelrechte Kraftquelle sein, und deshalb fahren wir mit unseren Kindern jeden Sommer ins westliche New York, um meine Schwester und ihre Kinder zu besuchen. Außerdem haben wir das Glück, dass beide Großeltern hier bei uns in Tucson leben.»

Der Reporter schüttelte beim Weggehen den Kopf. Vielleicht lebte er selbst in einer dieser Kleinzellen. Wenn ja, dann sehen seine Kinder Oma und Opa wohl nur jede zweite Weihnachten. Vielleicht kennen sie ihre Onkel und Tanten gar nicht, weil die alle in anderen Landesteilen leben. Und vielleicht haben sie auch schon mehrfach schmerzlich erlebt, dass sie gerade dabei waren, irgendwo feste Freundschaften zu schließen, und dann erfuhren sie beim Heimkommen, dass Mama und Papa beschlossen hatten, zu neuen Ufern aufzubrechen und in eine neue, Hunderte von Kilometern entfernte Stadt zu ziehen, wo die phantastische Karriere und das große Geld winkten.

Setzt sich die moderne Familie damit nicht selbst unnötig unter Stress? Die Antwort überlasse ich Ihnen.

Wo geht's heraus aus dem Sumpf?

Ich werde immer ein bisschen kribbelig, wenn man ein Problem allzu oberflächlich abhaken will. Ich suche lieber nach wirklichen Lösungen. Im Rest dieses Buches werde ich noch eine ganze Reihe von Vorschlägen bringen, wie Sie Ihren Stress analysieren und damit umgehen können. Als allgemeine Einleitung für den Umgang mit Stress möchte ich Ihnen aber zunächst Hans Selyes «Geheimrezept» verraten.

In seinem hervorragenden Buch *Stress/Unstress* berichtet Keith Sehnert, wie er 1977 dabei war, als Selye sich mit einer Gruppe von Ärzten, Krankenschwestern und anderen Wissenschaftlern traf. Selye war gebeten worden, einen Vortrag über Stress, den er am Vortag gehalten hatte, noch einmal kurz zusammenzufassen. Er nannte drei Zutaten für sein «Geheimrezept»:

- *Die eigenen Grenzen kennen.* Prüfen Sie selbst, ob Sie ein Rennpferd oder eine Schildkröte sind. Und dann entwickeln Sie einen Lebensstil, der zu Ihnen passt und zu niemandem sonst. (Diesen ganzen Bereich werden wir uns in Kapitel 3 noch genauer anschauen.)

- *Ziele suchen, die der eigenen Person und dem eigenen Leben entsprechen.* Achten Sie darauf, dass es *Ihre* Ziele sind und nicht irgendetwas, was Ihnen von Eltern, Lehrern oder anderen aufgezwungen wird. Achten Sie bei allem, was Sie tun, darauf, dass es Ihrer eigenen Entscheidung entspringt. Selye erklärte der Gruppe, dass dort, wo Menschen versuchen, den Entscheidungen nachzuleben, die andere für sie getroffen haben, nur Probleme entstehen.
- *Sich selbst etwas Gutes tun, indem man anderen Gutes tut und ihr Wohlwollen gewinnt.* Selye nennt das «altruistischen Egoismus». Indem wir anderen helfen, helfen wir uns selbst und sammeln auf dem Konto des anderen ein stattliches Guthaben an.

In seinem Buch *Stress Without Distress* nennt Selye diesen dritten Schritt: «Die Liebe des Nächsten verdienen». Niemand steht uns näher als die eigenen Familienangehörigen. Leider begegne ich heute vielen Müttern, die es leid sind, Selyes Prinzip, das ja der Goldenen Regel aus der Bibel entspricht, zu befolgen. Eine der eher problematischen Botschaften, die die feministische Bewegung gebracht hat, lautet, dass die Frauen sich zuerst um sich selbst kümmern, sich selbst verwirklichen sollten und so weiter.

Natürlich mache ich den Frauen keinen Vorwurf. Jahrhundertelang haben es die Männer meisterhaft verstanden, sich zuerst um sich selbst zu kümmern. Wir haben nicht erkannt, dass es uns selbst viel besser ginge, wenn wir erst einmal unsere Frauen kennen lernen und alles daransetzen würden, ihnen zu gefallen. Immer wieder höre ich Frauen in meiner Praxis sagen, es wäre ihnen völlig egal, wo sie wohnten – und wenn es in einem Zelt wäre –, wenn sie nur für ihre Männer an der ersten Stelle kämen. Im Grunde geht es einer Frau gar nicht so sehr um finanziellen Erfolg, sondern vielmehr darum, von ihrem Mann geachtet, geschätzt, geliebt und ernst genommen zu werden.

Wenn heute immer mehr Ehefrauen und Mütter ins Berufsleben einsteigen, geht es ihnen vielfach nicht nur darum, die Rechnungen zahlen zu können, sondern sie suchen Erfüllung und Bestätigung. Und die Folge? Immer mehr Frauen kommen gehetzt, wütend, verärgert oder deprimiert in meine Praxis – «total gestresst», wie es dann oft heißt. Immer mehr Frauen bekommen Herzbeschwerden, hohen Blutdruck und Krebs. Und immer mehr Frauen stellen fest, dass das Versprechen, «auch sie könnten es schaffen», nicht das bringt, was sie sich davon versprochen haben. Sie erzählen mir, sie hätten es nicht nur geschafft, sondern sie seien auch geschafft.

Wenn wir uns nun weiter damit beschäftigen, wie wir uns vor dem völligen Durchdrehen bewahren können, behalten Sie bitte die drei Vorschläge von Selye im Hinterkopf. Doch nachdem wir ein paar einfache Definitionen für den Stress gefunden haben, wollen wir zunächst noch fragen: Wie «stressanfällig» sind Sie? Das hängt von Ihrer Persönlichkeit ab – und Ihrem Lebensstil. Jeder Mensch muss mit Problemen und Stress leben. Es kann allerdings sein, dass Sie nur aus dem Bauch heraus reagieren, und darüber werde ich im nächsten Kapitel etwas mehr sagen.

Kapitel 3

Wie stressanfällig sind Sie?

«Sind Sie Herrscherin, Helferin, Primadonna oder Märtyrerin?»

In seinem hervorragenden Buch *The Stress Myth* behauptet Richard Ecker, es sei falsch zu sagen, der Job, die Ehe oder andere Lebensbereiche seien «stressig». Ihr Leben, so Ecker, enthält *Quellen* für Spannungen, Druck und Veränderungen, die Sie auf verschiedene Art *wahrnehmen* können. Es ist Ihre *Wahrnehmung* einer Sache, die zu einem Stressfaktor (einer Bedrohung) für Ihr Wohlbefinden werden kann. Sobald in Ihren Gedanken ein Stressfaktor entsteht, haben Sie Stress.

Wie wir in Kapitel 2 bereits gesehen haben, gibt es Situationen, in denen Stress durchaus angebracht ist. Wenn Sie fast in Ihren Vordermann hineinfahren, dann ist es richtig, wenn Sie das als Bedrohung empfinden und aufs Bremspedal steigen! Daneben gibt es aber auch übermäßigen und unangemessenen Stress. Wenn der Chef Ihnen jeden Morgen aufs Dach steigt, dann können Sie das als Problem wahrnehmen, oder Sie können sich sagen, dass er Arthritis hat und sowieso erst nach dem dritten Martini ein Mensch wird.

Nun macht Ihnen das Verhalten Ihres Chefs leider

wirklich zu schaffen, und Sie möchten am liebsten kündigen. Wieso aber schüttelt Susanne, die am Schreibtisch neben Ihnen sitzt, seine Tiraden einfach ab und scheint sich bei ihm auch noch beliebt zu machen? Die Antwort liegt in Ihrer Wahrnehmung. Sie nehmen Ihren Chef auf eine bestimmte Weise wahr, Susanne auf eine andere. Ihre Wahrnehmung verursacht Ihnen Stress, an Susanne geht das alles spurlos vorüber.

Woher kommt der Unterschied? Ganz einfach daher, dass wir alle verschieden sind – vor allem im Blick darauf, wie wir Dinge wahrnehmen. Unsere Art der Wahrnehmung basiert auf unseren Erfahrungen, und niemand macht dieselben Erfahrungen wie ein x-beliebiger anderer. Deshalb können die gleichen Ursachen von Spannungen, Druck oder Veränderungen bei den Menschen unterschiedliche Reaktionen hervorrufen. Es kommt ganz darauf an, wie wir das, was uns da zustößt, für uns deuten.

Wir wollen uns das noch ein bisschen näher ansehen. Warum genau erleben wir Dinge auf so unterschiedliche Weise und nehmen sie unterschiedlich wahr? Viele psychologische Schulen glauben, dass die Antwort in unserer Vergangenheit begründet liegt – vor allem in der Kindheit. Wie wir aufwachsen, ist entscheidend dafür, wie wir als Erwachsene die Dinge wahrnehmen. Ich bin von meiner Ausbildung her von der Individualpsychologie geprägt, die auf Alfred Adler zurückgeht. Nach Adler erlernt jeder Mensch in der Kindheit einen bestimmten «Lebensstil». Mit «Lebensstil» meint Adler nicht, ob man eine Vorliebe für Designerklamotten oder Sportwagen entwickelt. «Lebensstil» bezeichnet vielmehr die Art, wie jemand psychologisch gesehen funktioniert, um seine Ziele zu erreichen. Adler hat immer behauptet: Wenn wir die Ziele eines Menschen kennen, dann können wir ziemlich genau vorhersagen, wie dieser Mensch leben und handeln wird.

Beim Verfolgen unserer Ziele entwickeln wir eine ganz bestimmte Wahrnehmung dafür, wie wir in unsere Welt hineinpassen, und fangen dann an, alles durch diesen Filter zu betrachten. Wir entwickeln auch etwas, was Adler «Lebenslinien» nannte, und darunter verstand er nicht die Linien in unserer Handfläche. Weil Adlers Definitionen ziemlich theoretisch werden können, wollen wir uns hier ganz einfach damit begnügen, diese Lebenslinien als «Leitsätze» zu bezeichnen, die wir uns selbst immer wieder vorsagen und von denen wir mit der Zeit annehmen, sie würden genau beschreiben, wer wir sind.

In gewisser Hinsicht gibt es so viele Lebensstile, wie es Menschen auf der Erde gibt. Doch sie lassen sich in der Praxis zu ein paar großen Kategorien zusammenfassen, in die wir uns einordnen können. Solche Kategorien nehme ich jede Woche in meiner Praxis wahr. Zu den wichtigsten Lebensstil-Kategorien, die mir begegnen, gehören die Herrscherin, die Helferin, die Primadonna und die Märtyrerin (da dies ein Buch für Frauen ist, beschränke ich mich auf die weiblichen Formen, obwohl es natürlich auch die entsprechenden Männer gibt). Jede von ihnen sagt sich selbst bestimmte «Leitsätze» vor.

Die Herrscherin sagt sich zum Beispiel: «Ich zähle nur, wenn ich alles im Griff habe.» Die Helferin sagt: «Ich zähle nur, wenn ich andere glücklich mache.» Die Primadonna meint: «Ich zähle nur, wenn man mich bemerkt», und die Märtyrerin glaubt: «Ich zähle nur, wenn ich leide.»

Um zu verstehen, was Stress ist und was er in unserem

Leben auslöst, hilft es, wenn wir uns die verschiedenen Lebensstile einmal etwas näher ansehen und untersuchen, wie der eine mehr Stress hervorrufen kann als der andere.

Herrscherinnen brauchen Macht

In meiner Praxis begegne ich zwei Typen von Herrscherinnen. Die einen möchten alles und alle kontrollieren, weil sie Macht haben wollen. Es macht ihnen ausgesprochenen Spaß, die Fäden in der Hand zu halten.

Die anderen brauchen die Macht aus einem ganz anderen Grund – aus Angst. Sie wollen zu ihrer eigenen Verteidigung alles im Griff haben, weil sie fürchten, sie würden sonst von anderen gegängelt. Im Folgenden einige Grundzüge von Herrscherinnen. Natürlich muss nicht jede alle diese Züge aufweisen. Aber ein paar finden sich normalerweise in jedem Menschen dieses Typus.

Herrscherinnen wollen sich natürlich auch selbst beherrschen: Sie fressen alles in sich hinein – bis sie platzen. Sie können ihre Gefühle eine Zeitlang verstecken, aber wenn dann das Maß voll ist, kommt es zum großen Knall! Die Explosion ist meist gewaltig und zieht auch andere in Mitleidenschaft, besonders die Familienangehörigen. Solche Herrscherinnen sind temperamentvoll und können durchaus auch jähzornig werden.

Herrscherinnen müssen Recht behalten. Man findet sie oft in Berufen, bei denen es auf Zuverlässigkeit und Genauigkeit ankommt, zum Beispiel als Ingenieurin, als Chefsekretärin, in der Buchhaltung, als Architektin oder als Computerprogrammiererin. Herrscherinnen diskutieren gern und verlieren selten.

Herrscherinnen halten andere auf Abstand. Sie können

zu einer Veranstaltung gehen und allen herzlich die Hand schütteln, aber niemand lernt sie je richtig kennen. Sie sind sehr geschickt darin, Nähe zu vermeiden. Oft berate ich Ehepaare, wo einer der Partner Herrscherin oder Herrscher ist und sich weigert, sich zu öffnen und über seine Gedanken und Gefühle zu sprechen. Ein Ehepartner bettelt, fleht und jammert, ja, droht sozusagen mit dem Knüppel in der Hand, aber der andere zieht sich nur immer weiter in seinen Panzer zurück und kommt nicht heraus.

Herrscherinnen haben Angst vor dem Tod. Was ist der Tod anderes als der endgültige Verlust der Kontrolle über das Leben? Kein Wunder, dass eine Herrscherin den Tod fürchtet. Manchmal haben diese Leute auch Angst, den Verstand zu verlieren. Wenn sie Träumer sind, träumen sie oft, dass sie verfolgt werden und fallen. Sie wachen auf, kurz bevor sie auf dem Boden aufschlagen.

Herrscherinnen sind häufig Perfektionisten. Sie haben eine tief verwurzelte Angst, sie könnten den Ansprüchen nicht genügen. Sie haben das Gefühl, sie müssten dauernd irgendwelchen Forderungen gerecht werden, und schaffen es einfach nicht. Sie müssen quasi ständig über die «Hochsprunglatte» des Lebens springen. Und wenn sie den Sprung problemlos bewältigen, sagen sie sich, sie hätten es eigentlich noch ein bisschen besser machen können.

Herrscherinnen sind meist sehr kritisch, weil sie fast immer einen kritischen Vater hatten. Väter spielen die Hauptrolle bei der Prägung kritischer Töchter.

Herrscherinnen sind unsicher, scheu oder launisch. Sie können andere auch mit Hilfe von Tränen oder Wutanfällen manipulieren.

Wie bereits gesagt funktionieren Herrscherinnen nach dem Machtprinzip. Manche setzen ihre dominierende Macht ganz offen ein, schreien, hauen auf den Tisch und lassen ein Gewitter mit Blitz und Donner los. Andere bevorzugen die leisen Töne, wirken nett und sanft und freundlich. Die Familie kennt sie aber anders. Inzwischen dürfte klar geworden sein, dass Herrscherinnen bei anderen eine Menge Stress auslösen können. Das heißt aber nicht, dass sie selbst gegen Stress immun wären. Im Gegenteil, Herrscherinnen erleben selbst in der Regel mehr Stress als alle anderen Typen. Wenn jemand versucht, jeden und alles zu kontrollieren und im Griff zu haben, empfindet er jedes Problem und den kleinsten Widerstand als Bedrohung. Die Bedrohung wird zum Stressfaktor, und es entsteht Stress.

Ich denke da zum Beispiel an Nora, die völlig erschöpft zu mir kam. Ich fand bald heraus, dass sie ihre gesamte Familie und sogar ihre Freunde dadurch kontrollierte, dass sie ihnen Schuldgefühle einimpfte. Sie tat das sehr subtil, indem sie sich ständig Sorgen machte. Wenn ihre Tochter fragte: «Mama, darf ich mit Susi an den Strand?», dann erwiderte Nora: «Ja, sicher. Aber du weißt ja, dass ich immer ein bisschen Angst habe, wenn du am Wasser bist.»

Nora sorgte sich auch darum, dass ihr Mann seine Stelle verlieren könnte. Sie sorgte sich um die Zukunft ihrer Kinder, das Wetter, die politischen Unruhen in Südamerika und alles, was ihr sonst noch auffiel. Ich hatte ziemlich viel zu tun, um ihr klarzumachen, dass ihre Sorgen ein raffiniertes Mittel waren, die Menschen in ihrer Umgebung unter Kontrolle zu halten. Aber als sie das erst einmal begriffen hatte, sank ihr Stressniveau beträchtlich.

Tipps zur Stressvermeidung für Herrscherinnen

Wenn Sie zu den Herrscherinnen gehören, dann mag der Stress auch Sie im Griff haben. Müttern, die zu der Einsicht gekommen sind, dass sie Herrscherinnen sind, schlage ich drei erste Schritte vor:

1. *Lassen Sie los!* Das ist so banal, dass Sie sich vielleicht wundern, wie ich in meiner Praxis mit solchen Tipps Geld verdienen kann. Es ist allerdings erstaunlich, wie viele beherrschende Frauen und Mütter meinen, sie müssten alle und alles im Griff haben, sonst ginge die Welt unter. Kein Wunder, dass sie gestresst sind. Es ist doch völlig klar, dass niemand alles jederzeit unter Kontrolle haben kann. Deshalb frage ich diese Frauen ganz gezielt, wo sie ihrer Meinung nach ihre Kinder oder den Mann ein Stück weit loslassen könnten.

«Vielleicht könnten Sie Anne selbst entscheiden lassen, was sie anziehen möchte.»

«Vielleicht kennt Stefan sich mit Restaurants (Kinofilmen, Ferienzielen usw., usw.) viel besser aus, als Sie ihm zutrauen. Warum lassen Sie ihn nicht nächstes Mal bestimmen?»

2. *Machen Sie sich klar, dass nicht alles außer Kontrolle gerät, wenn Sie nicht alles im Griff behalten.* Beherrschende Mütter fürchten oft, wenn sie die Zügel bei den Kindern etwas schleifen ließen, sei alles verloren. Sie sagen mir: «Ich dachte, Sie hätten in Erziehungsfragen eine klare Linie, Dr. Leman. Wollen Sie mir jetzt sagen, ich solle alles laufen lassen?» Wie wir in Kapitel 7 noch sehen werden, heißt Erziehung nicht, dass man die Kinder unter der eisernen Knute hält. Es bedeutet, dass man ihnen Maßstäbe vermittelt. Es ist erstaunlich, wie sehr man den Druck, un-

ter dem man steht, und den daraus entstehenden Stress reduzieren kann, wenn man die anderen Menschen eigene Entscheidungen treffen lässt, für die sie dann auch selbst geradestehen müssen, anstatt zu meinen, man müsste ihnen immer alle Entscheidungen abnehmen.

3. *Denken Sie daran: Lieben heißt, den anderen loszulassen.* An diesem Punkt gehen manche Mütter, die ständig die Kontrolle haben müssen, regelrecht in die Luft. Was bildet sich dieser Leman eigentlich ein? Will er etwa behaupten, sie liebten Mann und Kinder nicht? Alles, was sie tun, geschieht doch nur *zum Besten ihrer Lieben!* Aber Liebe befreit. Sie klammert nicht, sie unterdrückt und kontrolliert nicht.

Tipps für Frauen, die mit Herrschern leben

Den Frauen, die kontrolliert werden – die also mit einem Herrscher zusammenleben –, gebe ich die folgenden Ratschläge:

1. *Machen Sie das Spiel nicht mit.* In dem Moment, wo Sie sich auf das Spiel Ihres Mannes einlassen, setzt bei Ihnen der Stress ein. Berufstätigen Frauen rate ich häufig, nicht in das alte Lied mit einzustimmen, das so beginnt: «Natürlich kannst du die Stelle annehmen – wenn das Abendessen trotzdem um sechs auf dem Tisch steht.» Ich schlage vor, freundlich zu widersprechen und miteinander in Ruhe zu überlegen, wie Sie die Arbeiten im Haushalt untereinander aufteilen können. Sicher, das funktioniert nicht immer, aber es ist auf jeden Fall einen Versuch wert.

Ich denke da an eine Frau, deren Mann extrem kritisch war. Besonders in finanzieller Hinsicht bevormundete er sie ständig und gestand ihr äußerst wenig Haushaltsgeld zu. Wie sparsam sie auch wirtschaftete, er hatte immer etwas zu meckern, wenn sie mit dem Geld nicht auskam (was ständig der Fall war, einfach weil er ihr nicht genug gab). Schließlich war sie es leid. Freundlich, aber bestimmt übergab sie ihm die Verwaltung der Haushaltskasse. Drei Monate versuchte er damit klarzukommen. Dann erhöhte er das Budget beträchtlich, bevor er seine Frau bat, sich doch wieder um die finanziellen Angelegenheiten zu kümmern!

2. *Machen Sie sich bewusst, dass Ihr beherrschender Mann sich kaum ändern wird.* Das klingt vielleicht nach Resignation, ist aber der Schlüssel, um Stress zu vermeiden.

3. *Lassen Sie Ihrem Mann seine Angewohnheit, alles im Griff haben zu wollen, aber sehen Sie darin keine direkten Angriffe auf Sie oder Ihren Charakter.* Wenn er meckert, kommandiert oder schmollt, müssen Sie das nicht als direkte Reaktion auf Ihr Verhalten interpretieren. Denken Sie an den Grundsatz, von dem weiter vorn die Rede war: Jede Ursache von Druck, Spannungen oder Kritik wird nur dann zum Stressfaktor und dann zu Stress, wenn wir sie als Bedrohung auffassen.

Viele Frauen, die ich berate, sind zu Hause gestresst, weil Mann, Kinder oder sonst jemand sie in irgendeiner Weise bedrohen. Wenn ich ihnen helfe zu erkennen, dass das, was da passiert, im Grunde gar keine Bedrohung ist, sondern ein ganz normaler Bestandteil des Lebens, dann sind sie auf dem Weg zur Entspannung schon einen Riesenschritt weitergekommen.

Gabi, einunddreißig, ist ein Beispiel dafür. Sie fühlte

sich von einer anderen Frau bedroht, die mit ihrem Mann zusammenarbeitete. Gabi war mit Ralf, einem äußerst erfolgreichen Geschäftsmann, glücklich verheiratet, aber sie spürte, wie die Eifersucht auf seine Assistentin Linda sich immer tiefer in sie hineinfraß.

Linda war superkompetent und selbstbewusst – ein wahres Energiebündel. Ralf redete ständig von Linda und hielt anscheinend große Stücke auf sie. Das belastete Gabi sehr, weil sie das Gefühl hatte, Linda sei ihrem Mann wichtiger als sie, seine eigene Frau. Jedes Mal, wenn Ralf von Linda zu reden anfing, wurde Gabi verkrampft und ärgerlich.

Als Gabi bei mir anrief, um einen Termin zu vereinbaren, sagte sie, sie fühle sich gestresst von ihren drei kleinen Kindern. Als sie dann von den Problemen bei der Erziehung erzählte, kam sie immer wieder auf Ralf und «diese Ziege in seinem Büro» zu sprechen. An der dritten Sitzung platzte dann alles aus ihr heraus. Ich fragte sie: «Wenn Ralf von Linda erzählt, haben Sie dann den Eindruck, er halte sie für besser als Sie, oder ist er einfach nur dankbar für ihre Arbeit?»

«Hm, ich weiß nicht. Ich weiß nur, dass sie wahnsinnig ehrgeizig und arrogant klingt.»

«Moment mal, Sie haben gesagt, sie sei selbstbewusst und kompetent. Und jetzt bezeichnen Sie sie auf einmal als wahnsinnig ehrgeizig und arrogant. Ein großer Teil Ihres Stresses rührt wahrscheinlich daher, dass Sie ein ganz falsches Bild von Linda haben. Warum reden Sie nicht mit Ralf darüber und sagen ihm, wie Ihnen zu Mute ist?»

Gabi hatte ihre Zweifel, aber schließlich sprach sie Ralf auf seine Assistentin an. Zu ihrer großen Überraschung lachte er sie nicht aus und wurde auch nicht böse. Er sagte nur: «Ja, ich rede wahrscheinlich wirklich ziemlich viel von Linda, aber nur, weil sie eine so gute Arbeitskraft ist. Sie ist eine phantastische Assistentin, aber nie im Leben wollte ich so eine Perfektionistin zur Frau haben.»

Ralfs Aussage half Gabi zu erkennen, dass Linda für sie überhaupt keine Bedrohung darstellte, und sie erkannte schließlich, dass sie sich selbst keinen Dienst damit tat, wenn sie sich ständig mit der Assistentin ihres Mannes verglich, obwohl es dafür gar keinen Anlass gab. Die Sache half Gabi, ruhiger zu werden und sich bei Ralf wieder sicher zu fühlen. Damit ließ auch der Stress wegen der Kinder nach.

Helferinnen wollen gemocht werden

Das Gegenteil der Herrscherin ist die Helferin (Sie haben richtig geraten – Helferinnen sind oft mit Herrschern verheiratet).

Helferinnen möchten, dass das Leben friedlich, lieb und nett verläuft. Sie brauchen von allen Leuten Bestätigung – vor allem aber von den Familienmitgliedern.

Helferinnen reagieren besonders empfindlich auf Kritik, denn sie strengen sich doch so sehr an, es allen recht zu machen.

Helferinnen haben Angst, über ihre wahren Gefühle zu sprechen, weil sie ja abgelehnt werden könnten, wenn die Wahrheit herauskäme. Helferinnen kommen gewöhnlich mit allen gut zurecht. Sie sind geübt darin, soziale Signale wahrzunehmen, und wissen, wie sie jeden glücklich machen können.

Helferinnen leben oft hinter einer Maske. Sie nicken zustimmend, auch wenn sie mit etwas überhaupt nicht einverstanden sind, und hassen sich selbst wegen ihrer Feigheit.

Helferinnen haben im Allgemeinen ein geringes Selbstwertgefühl. Sie meinen, sie seien nichts wert. So versuchen sie, ihr Selbstbild zu stärken, indem sie es allen recht machen und allen zu Gefallen sind.

Perfektionisten sind oft Helfer(innen). Wie schon gesagt, können auch Herrscher(innen) Perfektionisten sein. Beim Helfer zeigt sich der Perfektionismus aber auf ganz andere Art.

Zwei der gestresstesten Helfer, denen ich je begegnet bin, waren Bernadette und ihr Mann Gerd. Beide waren aktive Mitarbeiter in einer sehr engen und gesetzlichen Gemeinde. Gerd war Mitglied im Kirchgemeinderat. Bernadette leitete die Sonntagsschule, die Frauenbibelgruppe und war noch im diakonischen Bereich tätig.

Bernadette und Gerd waren für mich so etwas wie «Säulenheilige», weil sie meinten, sie müssten immer vollkommene Vorbilder sein. Die Familie hatte alle möglichen Probleme. Gerd und Bernadette waren nicht besonders glücklich miteinander und hatten zudem Schwierigkeiten mit der Erziehung ihrer vier Kinder.

Im Gespräch erkannte ich bald, dass ihr Stresspegel sehr hoch war. Besonders Bernadette litt unter dem ständigen Druck, die perfekte Frau eines Kirchgemeinderats und eine makellose Christin zu sein. Die ganze Familie war so in dem Helfer-Lebensstil gefangen, dass schon ein paar harmlose Ferienvergnügungen enorme Schuldgefühle und Ängste auslösten. Gerd und Bernadette kamen nach dem Urlaub zu mir und «bekannten», dass die Familie ein paarmal im Kino gewesen war, einen Vergnügungspark besucht und sogar in einem Restaurant gegessen hatte, in dem Alkohol ausgeschenkt wurde. Sie waren überzeugt, dass Gott mit ihnen nicht mehr zufrieden sein konnte. Ich musste unwillkürlich denken, dass der Gott, den sie anbeteten, der schrecklichste Spaßverderber sein musste, den es gab!

«Wenn irgendjemand aus unserer Gemeinde davon erfährt, werden wir ausgeschlossen», sagte Gerd.

Als «Säulenheilige» meinten Gerd und Bernadette, sie müssten immer und überall allen Ansprüchen genügen: Die Menschen beobachten dich – beobachten dich unaufhörlich –, und du musst vollkommen sein. Du musst dies und jenes tun, damit alle mit dir zufrieden sind und eitel Friede, Freude und Harmonie herrschen.

Obwohl ihre Kinder ziemlich normal waren, fühlten Gerd und Bernadette sich auch als Eltern total überfordert. Was in den meisten Familien als «ganz alltägliche Schwierigkeiten» gelten würde, waren bei ihnen Katastrophen. Wenn eines der Kinder zum Beispiel nachsitzen musste, dann bekam es für einen Monat Hausarrest und noch ein paar andere Strafen. Als die Tochter im Teenageralter anfing, sich hin und wieder davonzustehlen und mit Freundinnen zu treffen, die in Gerds und Bernadettes Augen «wild» waren, gab es heftige Auseinandersetzungen. Und als sie auch noch zu lügen begann, waren die Eltern außer sich.

Gerd zeigte einen beträchtlichen Stresspegel, noch mehr beunruhigte mich aber Bernadette. Ich hatte den Eindruck, sie stünde kurz davor durchzudrehen. Ich konzentrierte mich vor allem auf ihren Perfektionismus und bemühte mich, ihnen zu der Erkenntnis zu verhelfen, dass sie nie vollkommen sein würden – wie sehr sie sich auch für Gott abrackern mochten. Was dann tatsächlich einen Prozess der Veränderung in Gang setzte, war die Tatsache, dass ich Gerd, den Gemeindeältesten, der es allen recht machen wollte, überzeugen konnte: Wenn Sie wirklich Gottes Mitarbeiter auf dieser Erde sein wollen, müssen Sie es lernen, mit anderen über Ihre Unvollkommenheiten zu reden, wie die Leute in der Bibel offen über ihre Schwächen und Fehler gesprochen haben.

«Wie haben Sie zu Gott gefunden? Weil Sie so gut waren, oder weil Sie Vergebung nötig hatten?», fragte ich Gerd. «Meines Wissens steht irgendwo in der Bibel, dass Gott sich nicht besonders über die Stolzen freut, aber dass er immer gern bereit ist, den Demütigen zu helfen. Wenn Sie so demütig werden, dass Sie mit anderen Gemeindegliedern auch über Ihre Fehler und Probleme reden können, dann werden die anderen ebenfalls bereit sein, etwas von sich mitzuteilen.»

Auch Bernadette ertrug es nicht mehr, immer nur auf ihrer Säule zu stehen. Ich fragte sie: «Wie, meinen Sie, ist wohl den Frauen in Ihrer Gemeinde zu Mute, wenn sie bei ihrem geistlichen Leistungssport immer mit Ihnen mithalten müssen?» Sie sah mich nur groß an. «Ich glaube, ich weiß, was Sie meinen», war alles, was sie erwiderte.

In den nächsten Monaten arbeiteten Gerd und Bernadette hart daran, sich zu öffnen und die anderen Gemeindeglieder auch ihre Unvollkommenheiten sehen zu lassen. Interessanterweise stießen sie damit nicht auf Ablehnung, und niemand wandte sich von ihnen ab. Nein, sie gewannen ein paar neue Freunde dazu und konnten sogar ihrem

Pastor helfen, ein wenig von seiner eigenen Säule herunterzusteigen.

All das half Gerd und Bernadette, auch wieder miteinander zu reden und ihre Ehe in Ordnung zu bringen. Als Bernadette nicht mehr überall dabei sein und durch jeden Reifen springen musste, den man ihr hinhielt, um allen zu gefallen (vor allem Gerd, von dem sie sich ungeheuer unter Druck gesetzt fühlte, die vollkommene Ehefrau und Mutter zu sein), entspannte sie sich sichtlich.

Und als sie von ihrer Säule herunterkamen, konnten sie auch ihre Elternrolle entspannter angehen. Sie waren zwar weiterhin streng, aber sie waren auch bereit, ihre Kinder anzuhören, und versuchten sie zu verstehen. Die ganze Familie machte solche Fortschritte, dass sie die Beratung schon nach wenigen Monaten abschließen konnten, weil sie ihren Stresslevel nun gut unter Kontrolle hatten.

In der letzten Sitzung sagte Bernadette: «Es ist herrlich, nicht mehr auf der Säule zu stehen. Ich steige auch nie wieder da rauf!»

Tipps zur Stressvermeidung für Helferinnen

Wenn ich mit Müttern rede, die Helferinnen sind – und das sind eine ganze Menge –, gebe ich ihnen die folgenden Ratschläge:

1. *Lernen Sie, nein zu sagen.* Haben Sie den Mut, sich gegen die Ansprüche der Familie zu wehren und nicht Mädchen für alles zu sein. Mütter sind oft die Dummen, die hinter allen her aufräumen. In unserem Büro haben wir in der Kaffeepausen-Ecke ein kleines Schild angebracht, auf dem steht: «Deine Mutter arbeitet nicht hier. Bitte räume selbst auf.»

2. *Hören Sie auf, sich für jedes Wort und jeden Gedanken zu entschuldigen.* Was Sie zu sagen haben, ist wichtig. Dass Sie nicht mit einem Fingerschnalzen ein besseres Selbstwertgefühl bekommen, ist mir auch klar. Aber der erste Schritt zu einem besseren Selbstbild besteht darin, dass Sie den Mut finden zu sagen, was Sie denken. Und wer weiß? Vielleicht kommen ja die Herrscher und Herrscherinnen in Ihrem Umfeld zur Besinnung und beschließen, Ihnen ein bisschen mehr Respekt entgegenzubringen.

3. *Machen Sie sich klar, dass Sie nicht böse oder «schlecht» sind, wenn Sie nicht versuchen, es immer allen recht zu machen.* Ganz im Gegenteil, andere selbst aktiv werden zu lassen ist eine gute Art, ihnen Liebe zu zeigen. Wie sonst sollen sie lernen, Verantwortung zu übernehmen und eigenständig zu handeln? Das gilt besonders in der Kindererziehung. Es gibt keine sicherere Methode, aus Kindern Versager zu machen, als wenn man «alles für sie tut», damit sie glücklich und zufrieden sind.

Primadonnen suchen das Rampenlicht

Das Lebensmotto der Primadonna lautet: «Ich zähle nur, wenn man mich beachtet.» Zu den Merkmalen gehören die folgenden:

Primadonnen sind häufig die zuletzt Geborenen einer Familie, die Nesthäkchen. Als kleines Kind werden sie von den Geschwistern oft zur Seite geschoben und entwickeln dadurch eine Haltung des «Ich werde es dir schon zeigen». Die Jüngsten spielen sich oft auf, um ins Rampenlicht zu kommen und den Respekt und die Bewunderung der übrigen Familie zu wecken.

Primadonnen können auch die zuerst Geborenen sein.

Die Erstgeborenen ziehen in der Regel die Aufmerksamkeit auf sich, indem sie alles richtig machen, sich kooperativ zeigen, gute Noten nach Hause bringen usw. Das ist ein konstruktiver Versuch, Aufmerksamkeit auf sich zu ziehen. Es gibt daneben aber auch eine destruktive Variante – den Störenfried, den nervigen Kasper oder den chronischen Besserwisser. Auf all diese unterschiedlichen Weisen versucht die Primadonna, Beachtung zu bekommen. Sie manipuliert die Menschen in ihrem Umfeld, dass sie sich ständig an sie erinnern, ihr schmeicheln, sich über sie aufregen oder ihr gratulieren.

Primadonnen wollen belohnt werden. Sie tun etwas Gutes und fragen sofort: «Was bekomme ich dafür?» Sie wollen Lob und Anerkennung. Sie tun viel für andere, aber dahinter steckt ein verborgenes Motiv. Sie sagen sich immerzu: «Ich zähle nur, wenn man mich wahrnimmt. Also muss ich dafür sorgen, dass die Menschen mich beachten, sonst ...!»

Primadonnen sind eng mit Herrscherinnen verwandt, und ich begegne vielen Müttern, die sich auf die eine oder andere Art für dieses Etikett qualifizieren. In ihrer milderen Form kann die Primadonna den anderen Familienmitgliedern einfach lästig werden: Irgendwann wird es der Familie zu viel – ihr lautes Sprechen, ihr überschwängliches Lachen und ihr Drang, immer im Scheinwerferlicht zu stehen. Irgendwann mag man den Satz nicht mehr hören: «Nach allem, was ich für den/die getan habe, müsste er/sie doch eigentlich ...»

Extremere Primadonnen können eine Ehe ruinieren. Ich erinnere mich an einen achtunddreißigjährigen Geschäftsmann, der so nach Aufmerksamkeit gierte, dass er mit mehreren Frauen in seiner Firma ein Verhältnis begann, weil ihm seine stille Frau zu Hause nicht die ersehnte Aufmerksamkeit entgegenbrachte und die Streicheleinheiten gab, die er brauchte.

Tipps zum Umgang mit Primadonnen

Wenn Sie mit einer (männlichen) Primadonna verheiratet sind, versuchen Sie das Folgende:

1. *Spielen Sie ihre Spiele nicht mit,* vor allem wenn die Mittel, mit denen die Aufmerksamkeit eingefordert wird, negativ sind. Wenn Sie sich zum Beispiel bei den Versuchen Ihres Mannes, sich in den Vordergrund zu spielen, unwohl fühlen, dann sagen Sie ihm das – und erklären Sie ihm auch die Gründe.

2. *Sprechen Sie die Primadonna direkt an, allerdings ruhig und in Liebe.* Wenn sie sich lächerlich macht in ihrem Bemühen, um (fast) jeden Preis aufzufallen, sagen Sie: «Schatz, mir ist nicht wohl dabei, wenn du so etwas tust, um die Aufmerksamkeit auf dich zu lenken. Mir gefällt es viel besser, wenn du du selbst bist – und nicht versuchst, anderen etwas vorzuspielen.»

3. *Lassen Sie nie zu, dass eine Primadonna auf Ihre Kosten Witze reißt.* Sagen Sie: «Niemand lässt sich gern lächerlich machen – schon gar nicht deine Frau.»

4. *Geben Sie der Primadonna Streicheleinheiten, wenn sie von ihrem «Seht her, hier bin ich»-Verhalten ablässt.* Hüten Sie sich allerdings davor, ihre Primadonna gönnerhaft und von oben herab zu behandeln. Sagen Sie vielmehr: «Wie du dich mit den Schmidts beim Abendessen unterhalten hast, das war toll. Du bist ein richtig witziger und gescheiter Typ. Ich bin ganz stolz, deine Frau zu sein.»

Wenn Sie merken, dass Sie selbst eine Primadonna sind, hier ein paar Anregungen:

1. *Machen Sie sich immer wieder bewusst, dass es ein Zeichen der Unreife ist, ständig im Rampenlicht stehen zu wollen.* Wenn Sie zum Beispiel in Ihrer Ehe alle Aufmerksamkeit für sich haben wollen, ist das sehr egoistisch und geht zu Lasten Ihrer Familie.

2. *Hören Sie auf, nach Belohnung zu schielen.* Überlegen Sie, was Sie anderen Gutes tun können, ohne Anerkennung zu erwarten. Sie werden bald feststellen, dass die Streicheleinheiten gar nicht so wichtig sind.

3. *Versuchen Sie bewusst, andere Menschen in den Vordergrund zu stellen.* Lassen Sie zum Beispiel Ihren Mann mehr zu Wort kommen, wenn Sie mit Freunden zusammen sind; oder lassen Sie sich auch einmal von Ihrer zurückhaltenden Nachbarin zum Kaffee einladen, statt immer darauf zu bestehen, dass sie zu Ihnen kommt.

Märtyrer meinen, sie hätten es verdient, immer zu verlieren

Die liebste Zeile des Märtyrers heißt: «Ich bin der geborene Verlierer. Es gehört einfach zu mir, zu leiden und zu kurz zu kommen.»

Märtyrer haben oft ein schwaches Selbstwertgefühl. Sie suchen die Nähe von Menschen, die dieses negative Bild verstärken – vor allem bei der Wahl ihres Ehepartners.

Märtyrer haben ein Talent dafür, sich mit Menschen zu umgeben, die auf ihnen herumtrampeln, sie ausnutzen oder missbrauchen. Alkoholiker sind oft mit Märtyrern verheiratet. Ein Märtyrer ist der ideale Partner für einen Alkoholiker, weil er bzw. sie ständig nach Entschuldigungen sucht und den Alkoholiker verhätschelt und dabei noch meint, das sei ein Zeichen «echter Liebe».

Ein schlechtes Verhältnis zum gegengeschlechtlichen Elternteil fördert in der Regel die Entwicklung zu einer Märtyrerhaltung. Ich rede mit vielen Frauen, die Märtyrer sind, und stelle dabei fest, dass ihre Beziehung zum Vater meist nicht sehr gut war. Franziska, vierunddreißig, verheiratet und Mutter von drei Kindern, sagte während der Beratung immer wieder: «Ich tauge zu nichts, ich bin nichts, ich werde immer für dumm verkauft. Mein Mann macht mit dem Geld, was er will – von mir will er nur Sex und dass ich mich um den Haushalt kümmere.»

Es stellte sich heraus, dass Franziskas Mann wirklich alles in der Hand hatte. Das Auto war selbstverständlich nur für ihn da. Jeden Tag fuhr er damit zur Arbeit, obwohl er ebenso gut die öffentlichen Verkehrsmittel hätte benutzen können.

Er verdiente zwar sehr gut, aber er war ein Geizkragen, der weder Geld noch Worte verschwendete. Er war der klassische «Schweiger» und unterhielt sich nur selten mit Frau und Kindern.

Ich bat Franziska, mir von ihrem Vater zu erzählen. Sie berichtete: «Er war sehr streng, machte nur wenig Worte. Er hat gut für uns gesorgt und konnte einen mit seinen Blicken lenken. Er war sehr sparsam, ganz alte Schule, und er konnte sehr jähzornig werden. Ich habe das ein- oder zweimal miterlebt, und das hat mir gereicht.»

Ich bat Franziska dann, mir auch ihre Mutter zu beschreiben, und da kam natürlich das Gegenteil heraus: «Sehr liebevoll, sehr geduldig. Sie konnte das letzte Hemd hergeben. Sie war ‹Nur-Hausfrau›, und manchmal hütete sie auch fremde Kinder, um ein paar Dollar dazuzuverdienen.»

Das Bild, das Franziska erhalten hatte, war klar, und es war Jahre früher gemalt worden, als sie noch ein Kind war. Sie war die klassische Märtyrerin und musste nun auch noch damit fertig werden, dass ihr Mann sie verlassen wollte, weil er sich in eine andere Frau verliebt hatte. Doch das hatte sie wenigstens so wütend gemacht, dass sie zu mir gekommen war und Hilfe suchte.

«Ich habe ihn immer alles bestimmen lassen», empörte sie sich. «Und was hat es mir gebracht? Wo hat mich das alles hingeführt?»

Ich erklärte ihr, dass es ihr tatsächlich gar nichts bringen würde, wenn sie sich von ihrem Mann beherrschen ließe. Er würde nur nach Belieben mit ihr umspringen. Indem sie sich ihrem Mann total untergeordnet hatte, war sie zu einem Putzlappen geworden, aber kein Mann mag einem Putzlappen hinterherlaufen. Darum hatte er sich eine andere gesucht.

Ich spreche mit vielen Frauen, denen man gepredigt hat, sie müssten sich «unterordnen». Das Problem ist, dass sie das so vollständig verinnerlichen, dass sie darüber zu Fußabtretern und Putzlumpen werden. Oft beginnen sie als Helferinnen und enden als Märtyrerinnen, weil sie von ihren Männern ausgenutzt werden. Bestenfalls führen sie ein unglückliches, frustriertes Leben. Schlimmstenfalls werden sie missbraucht und misshandelt.

Märtyrer haben ein Talent dafür, sich mit Verlierern zusammenzutun. Sie heiraten Alkoholiker, Schläger oder Drogenabhängige. Es ist geradezu unheimlich. Wenn sich irgendwo ein Verlierertyp herumtreibt, dann ortet der

Märtyrer ihn schneller, als ein Jagdhund den Fasan wittert.

Die dreiunddreißigjährige Susanne war die klassische Märtyrerin. Dreimal war sie geschieden, und nun stand sie kurz vor der vierten Ehe. Auf Anraten einiger guter Freunde, die mit gutem Grund befürchteten, auch diese Ehe werde nicht im Himmel geschlossen, kam sie zu mir.

Susanne kannte Toni erst dreieinhalb Monate, aber sie war schon «wahnsinnig verliebt». Je mehr sie mir von Toni erzählte, desto negativer klang es für mich. Toni kam aus einer ziemlich kaputten Familie. Seine Mutter war ausgezogen, als er neun war. Zwei Jahre lebte er bei seinem Vater und zog dann mit elf zu den Eltern des Vaters in eine andere Stadt. Ich versuchte Susanne zu erklären, dass ein Mann, der keine stabile Beziehung zu seiner Mutter hatte, für eine gute Ehe normalerweise nicht allzu verheißungsvolle Voraussetzungen mitbringe.

Susanne war das egal – sie wollte Toni, oder besser gesagt, sie *brauchte* ihn. Eines der unglaublichen Bedürfnisse im Leben dieser Frau war es, immer einen Mann zu haben. Im Gespräch fand ich heraus, dass sie in den letzten fünfundzwanzig Jahren – also seit sie acht war – immer einen Freund, einen Geliebten oder einen Ehemann gehabt hatte.

Eine Lüge, die viele Frauen sich selbst einreden, lautet: «Ich muss einfach einen Mann haben.» Was ich diesen Frauen immer klar zu machen versuche ist, dass ein Mann eine Möglichkeit ist, keine Notwendigkeit. Sonya Friedman, eine Kollegin und gute Freundin, hat das bereits im Titel eines ihrer Bücher zum Ausdruck gebracht: *Männer sind nur das Dessert.*

Bei mir läuteten jedenfalls alle Alarmglocken, und ich versuchte mein Möglichstes, um Susanne davon abzuhalten, sich in diese Ehe zu stürzen. Wenn sie sich im Blick auf Toni so sicher sei, sagte ich ihr, wieso könne sie dann nicht einfach weiter mit ihm befreundet sein, aber sich vornehmen, in den nächsten zwei Jahren noch nicht zu heiraten?

Es dauerte natürlich keine zwei Jahre, bis der wahre Toni zum Vorschein kam. Nach vier Monaten löste Susanne die Verlobung, weil sie einen Vorgeschmack davon bekommen hatte, wie böse und gemein Toni Frauen gegenüber sein konnte. Und woher hatte er diese Feindseligkeit? Wir brauchen nur zu dem Tag zurückgehen, an dem seine Mutter ihn verließ.

Wenn Sie die Prinzessin sind, die ihren Prinz sucht, dann ist die Zeit ihr bester Verbündeter. Und einen Rat gebe ich den Frauen in diesem Zusammenhang immer wieder: «Bleiben Sie aus dem Bett!»

Umfragen über die sexuellen Gewohnheiten der Männer zeigen, dass die meisten in der Regel beim ersten Mal noch nicht mit der Frau ins Bett gehen wollen. Sie warten bis zum zweiten Mal. Das erste Treffen dient lediglich dem Kennenlernen. Wenn sie dann aber ein zweites Treffen abmachen, erwarten viele bereits eine Bettgeschichte, und viele Frauen sind dumm genug zu glauben, wenn sie dem Mann das abschlügen, sei er für immer verschwunden.

Meine Frage an diese Frauen lautet: «Wenn er nur auf eine Bettgeschichte aus ist und sich nicht mehr mit Ihnen trifft, wenn er Sie nicht ins Bett kriegt – was haben Sie dann an ihm verloren? Wenn er schon beim zweiten Treffen Sex haben muss, wie viel ist ihm dann am Aufbau einer echten, tiefen Beziehung gelegen?»

Frauen vom Märtyrertyp haben mit solchen Fragen Riesenprobleme. Das gilt vor allem für Frauen wie Susanne, wenn sie schon zwei- oder dreimal geschieden sind. Ich bin aber überzeugt: Wenn eine Frau zulässt, dass ein Mann außerhalb des geschützten Rahmens der Ehe sexuell mit ihr verkehrt, zerstört sie selbst die Möglichkeit, etwas Echtes und Dauerhaftes aufzubauen.

Das mag als Konzept schwer an den Mann bzw. die Frau zu bringen sein – schließlich sind wir heute «moralisch aufgeklärt» (*umnachtet* wäre wohl der treffendere Ausdruck) –, aber die psychologischen Fakten sprechen dafür. Viele Männer haben Angst vor echter Nähe. Sie neigen außerdem dazu, ihre Probleme und Komplexe sexuell zu «verarbeiten». Wenn sie ein angeknackstes Selbstbewusstsein haben, meinen sie, sie könnten am besten das Gegenteil beweisen, indem sie «Punkte» sammeln und Eroberungen machen. Und sie suchen sich gern Frauen aus, die glauben, sie würden nur «bemannt» anerkannt, und die zu allem bereit sind, um einen Mann zu bekommen.

Tipps zur Stressvermeidung für Märtyrerinnen

Es ist nicht schwer zu erkennen, dass Märtyrerinnen Helferinnen sind, denen die Kontrolle über ihr Leben entglitten ist. Mann und Kinder haben sie so gestresst, dass sie sich in einem Zustand ständiger Erschöpfung befinden. Sie haben mehr oder weniger aufgegeben. Wenn ich Märtyrerinnen aus dem Sumpf des Lebens heraushelfen will, sage ich ihnen Folgendes:

1. *Liebe heißt nicht, dass Sie sich von Mann und Kindern auf dem Kopf herumtanzen lassen müssen.* Diesen Rat haben besonders die Frauen von Alkoholikern nötig. Bei uns in Amerika werden im Fernsehen regelmäßig Werbespots von Entziehungseinrichtungen für Alkoholiker ausgestrahlt. Die meisten richten sich an die Märtyrerfrau und sollen ihr Mut machen, sich aufzuraffen und etwas gegen die Probleme ihres Mannes zu tun. In fast jedem dieser Spots ist es die Frau, die endlich energisch wird und den Mann dazu bringt, sich zu einer Therapie anzumelden.

2. *Unternehmen Sie ein paar positive Schritte, um Ihre Selbstachtung zu stärken.* Hören Sie auf, sich einzureden: «Ich bin nur wichtig, wenn ich leide. Und etwas anderes als das, was ich hier durchmache, habe ich sowieso nicht verdient.» Sie können diesen Unsinn glauben, oder Sie können etwas ändern. Deshalb rede ich übrigens den Leuten zu, sich eine gute Gemeinde zu suchen, wo sie die Beziehung zu Gott vertiefen können. Jemand hat einmal gesagt: «Gott hat mich geschaffen, und Gott produziert keinen Schrott!» Und ich möchte dem hinzufügen: «Er produziert auch keine Märtyrer» – jedenfalls nicht die Sorte, die in meiner Praxis auftaucht.

3. *Erkennen Sie, dass Sie selbst Ihr größter Feind sind.* Märtyrer meinen oft, die Welt wolle ihnen nur Böses, und all die anderen hätten es immer nur auf sie abgesehen. In Wirklichkeit erledigen sie selbst die schmutzige Arbeit. Ich erinnere mich an Tanja, eine neununddreißigjährige Hausfrau, die mit der Selbstdiagnose «chronische Depression» zu mir kam. Tanja war mit einem nüchternen, knochentrockenen Computerprogrammierer verheiratet, an dessen Seite Tanjas Leben alle Würze und allen Pfiff ver-

loren hatte. Mit Rainer zusammenzuleben, war etwa halb so spannend wie Gras beim Wachsen zuzusehen.

Tanja war überrascht, als ich sie fragte, wo ihre Depression herrühre. Nun, von Rainer natürlich! Ich erwiderte, das klinge für mich, als handele es sich um eine ansteckende Krankheit, die sie sich bei ihrem Mann geholt habe. In Wirklichkeit *wolle* sie deprimiert sein. Diese Depression komme nicht von außen, sondern von innen. Ich erkundigte mich, wie sie reagiere, wenn ihr Mann sie unsensibel behandle, ihren Geburtstag vergesse oder ihr etwas Billiges und Geschmackloses mitbringe? «Nun», sagte sie, «dann bin ich deprimiert. Ich glaube, er deprimiert mich.»

«Nein», antwortete ich. «Sie *wollen* deprimiert sein. Es passt Ihnen nicht, dass Ihr Mann nicht so ist, wie er sein sollte, und darum versuchen Sie ihm auf möglichst eindrucksvolle Art zu zeigen, wie elend Sie sich deswegen fühlen.»

Ich redete ihr gut zu, einmal etwas Neues zu probieren. Sie solle ihren Mann damit schockieren, dass sie sein unsensibles Verhalten nicht noch weiter verstärkte.

«Erzählen Sie ihm, wie schön Sie die Kombination von Rot und Orange finden, dass Sie Western mögen oder quadratische Bergkristalle bewundern oder sich für goldene Halsketten begeistern – egal was. Sie müssen als Allererstes beschließen, dass Sie eigene Gefühle haben und ein Recht darauf, sie in positiver Weise zu äußern. Vielleicht können Sie Rainer auf diese Weise helfen, zu erkennen, dass das Leben bunter und vielfältiger ist, als er es im Moment sieht.»

Tanja versuchte es, und auch wenn Rainer sich nicht grundlegend änderte, bei ihr veränderte sich etwas. Statt sich von Rainers Verhalten bedrohen und deprimieren zu lassen, begann sie die Dinge anders zu betrachten. Die Depression ließ nach, und sie konnte ein glücklicheres Leben führen.

Nicht vergessen, wo der Stress herkommt

Es gibt noch viele Lebensstile, die wir hier diskutieren könnten. Zu den Variationen des kontrollierenden Stils («Herrscher») gehören die Menschen, die sich einreden: «Ich zähle nur, wenn ich gewinne», oder: «Ich zähle nur, wenn ich Erfolg habe.» Wir leben in einer «Konkurrenzgesellschaft», in der es nur Sieger und Verlierer zu geben scheint. Wenn man aber immer gewinnen und immer erfolgreich sein muss, ist das eine todsichere Methode, sich in einen Stress hineinzusteigern, der einen umbringen kann.

Auch von den Menschen, die gefallen müssen («Helfer»), gibt es die verschiedensten Unterarten. Die Variante, der ich in der Beratung von Gemeindemitgliedern am häufigsten begegne, ist die mit dem Lebenslied: «Ich zähle nur, wenn ich Gott diene.» Ich berate viele Menschen, die so damit beschäftigt sind, Gott zu dienen («Ein Christ ist immer im Dienst»), dass sie Kandidaten für einen Zusammenbruch sind. Der Glaube, der ihnen Frieden und Erfüllung schenken sollte, laugt sie aus und erschöpft sie – wie tragisch! Der Herr ist nicht ihr Hirte. Er ist ihr Sklaventreiber.

Was haben Sie für einen Lebensstil? Welchen Leitsatz sagen Sie sich jeden Tag vor? Vielleicht passen Sie in eine der geschilderten Kategorien, vielleicht haben Sie Ihre ganz eigene Version und einen anderen Schwerpunkt. Wie Ihr Lebensstil auch aussehen mag, Sie werden Stress haben. Manchmal ist dieser Stress gut und hilft Ihnen zu erreichen, was Sie tun müssen. In vielen Fällen ist er jedoch schädlich und zerstörerisch. Um dieser Art von Stress vorzubeugen, müssen Sie Ihre eigenen Wahrnehmungen ändern.

Leichter gesagt als getan, denken Sie nun sicher, und damit haben Sie Recht. Aber Sie können etwas tun. Ein bisschen hier und ein wenig da. Ja, ich möchte sogar sagen, Sie *müssen* etwas tun, denn der Stress kommt von allen Seiten auf Sie zu. Einige der Hauptursachen für Stress werden wir uns in Kapitel 4 ansehen.

Kapitel 4

Die sechs größten Stressfaktoren im Leben der Frau

«An manchen Tagen ist Muttersein die Hölle»

Die Frage: «Was verursacht in Ihrem Leben Stress?», bringt bei Frauen jeden Alters eine wahre Sturzflut von Antworten hervor. Ich habe einmal eine Umfrage gemacht und bin bei verheirateten Frauen – mit und ohne Kindern – sowie einer großen Zahl allein stehender Mütter auf sechs Hauptursachen für Stress gestoßen. Bevor ich die sechs möglichen «Feinde» aufliste, wollen wir einmal sehen, wie viele davon Sie bei Rahel finden können, einer dreiunddreißigjährigen Mutter von drei Kindern, die kurz vor dem Durchdrehen steht.

Als Rahel zu mir kam, war sie seit elf Jahren verheiratet. Neben der Erziehung ihrer eigenen drei Kinder im Alter von acht, sechs und vier Jahren arbeitete sie teilzeitlich in einem Kindergarten. Damit wären die meisten Mütter voll ausgelastet. Rahel aber fand, daneben müsste sie sich noch ein bisschen außerhalb der Familie engagieren. So leitete sie eine Jungschargruppe, unterrichtete in der Sonntagsschule, war Trainerin einer Softballgruppe für Kinder und half bei einer Wohltätigkeitsorganisation!

Rahels Mann Andi war Verkaufsleiter in einer kleinen Fabrik und häufig unterwegs, so dass Rahel «die Stellung halten» musste.

Rahels Lebensstil fiel in die Kategorie «Helferin». Ihr Hauptziel im Leben war es, dass jeder sie mochte, vor allem die Kinder und ihr Mann. Rahel war eine hübsche blonde Frau, doch als sie zu mir in die Sprechstunde kam, da sah sie müde und abgehärmt aus, wie viele andere Frauen, die mich aufsuchen. Sie erzählte mir, sie sei schon beim Aufwachen müde und habe das Gefühl, bald «nicht mehr zu können». Sie berichtete von Kurzatmigkeit, feuchten Händen, und ein paar Mal habe sie das Gefühl gehabt: «Im nächsten Augenblick zerspringt mein Herz.»

Rahel gab unumwunden zu, dass sie sich selbst nicht mehr ausstehen konnte. «Ich schreie die Kinder an, ich bin keine gute Mutter. Ich bin auch keine gute Ehefrau – ich ärgere mich, dass Andi so lange arbeitet. Und ich komme am Nachmittag auch gar nicht gern aus dem Kindergarten nach Hause. Ich find's zum Davonlaufen, dass ich dann die Küche aufräumen und die Wäsche machen muss, damit die Kinder saubere Kleider für die Schule haben.»

Rahels Selbstwertgefühl war auf dem Nullpunkt. Sie sah keinen Sinn mehr in ihrem Leben und war sich auch nicht sicher, ob es einen solchen Sinn überhaupt gab.

Mit einem Dreirad auf der Überholspur?

So hatte Rahel sich das nicht vorgestellt, als sie Andi heiratete. Damals hatte sie genau gewusst, wie sich ihr Leben entwickeln würde: Sie würde noch ein Weilchen arbeiten, während Andi sich um seine Karriere kümmerte, und dann würde sie eine Familie haben, genauso wie ihre Mutter daheim.

Aber jetzt raste sie in einem Affentempo auf der Überholspur dahin und hatte doch nur ein Dreirad als Transportmittel. Am Morgen wachte sie schon mit Magenbeschwerden auf, und am Abend zwangen Kopfschmerzen sie dazu, sich hinzulegen und ganz ruhig zu bleiben, bis der Schmerz und die Übelkeit so weit nachgelassen hatten, dass sie wieder normal funktionieren konnte.

Rahel gestand mir, dass sie sich an den Tagen, an denen sie nicht arbeitete, meistens hinlegte und schlief. Oder sie kam von der Arbeit nach Hause und verschlief das Abendessen. Erst beim Aufwachen merkte sie dann, dass die Kinder noch nichts zu essen bekommen hatten. Das passierte vor allem, wenn ihr Mann dienstlich unterwegs war und nicht zum Essen nach Hause kam.

An ihrer Teilzeitstelle im Kindergarten «funktionierte» sie dagegen einwandfrei. Sie hatte zwar nicht genug Hilfe, um mit den fünfzehn Vierjährigen klarzukommen, aber sie schaffte es und lächelte, selbst wenn ihr das Wasser bis zum Hals stand. Sie war stolz auf ihren Ruf als «eine unserer besten Kindergärtnerinnen».

Wie vielen anderen in einer ähnlichen Lage fiel es auch Rahel schwer zu begreifen, warum nicht mehr alles so funktionierte, wie sie sich das vorstellte. Schließlich ging es Andi und ihr finanziell doch gut, und sie genossen ihre «Freiheit». Sie hatten ein neues großes Haus mit Swimmingpool, zwei Autos; und zweimal in der Woche kam eine Putzfrau. Für den flüchtigen Betrachter musste es so scheinen, als sei bei ihnen alles in Ordnung. Warum wollte sie dann am liebsten davonlaufen?

Rahel wollte alles hinschmeißen

Rahel war eine jener modernen Frauen, wie sie immer häufiger in meiner Praxis auftauchen. Sie hatte alle Illusionen über die Ehe verloren, und ihr Instinkt sagte ihr, sie solle ausbrechen. Wie viele andere Frauen unserer Zeit wäre sie am liebsten davongerannt und hätte ihren Mann mit den Kindern allein gelassen – weg, nichts wie weg!

Ich fragte Rahel: «Was ist für Ihren Mann das Wichtigste im Leben? Nennen Sie mir möglichst vier Dinge, und zwar nach ihrer Rangfolge.»

Rahel nannte Folgendes: (1) Beruf, (2) finanzielle Sicherheit, (3) die Kinder, (4) seine Eltern.

«Und wo sind Sie?», fragte ich.

«Nun, ich weiß nicht. Irgendwo komme ich da auch noch vor. Wahrscheinlich auf Rang fünf.»

Rahel hatte ganz offensichtlich eine Menge Probleme, aber eines der größten war zweifellos Andi. Er übernahm als Mann und Ehemann nicht die Aufgaben und Funktionen, die er in der Ehe übernehmen sollte. Wenn eine Frau auf der Prioritätenliste ihres Mannes nicht ganz oben steht, ist die Ehe in Gefahr.

Verschlimmert wurde das Ganze noch dadurch, dass der Schuss immer nach hinten losging, wenn Rahel einmal versuchte, mit Andi über ihre Gefühle zu reden. Sooft sie auch nur vorsichtig andeutete, wie gut es wäre, wenn sie einmal nur zu zweit wegfahren und sich Zeit füreinander nehmen könnten, putzte Andi sie mit der Bemerkung herunter: «Wie stellst du dir das vor? Und überhaupt – schließlich rackere ich mich nur für dich und die Kinder ab!» Das Schlimmste daran war: Rahel glaubte ihm!

Rahel war der klassische Fall einer Frau, die in die Falle

unserer Zeit getappt war: Sie wollte alles! Sie sagte sich zum Beispiel, um ein erfülltes Leben zu leben, müsse sie außer Haus arbeiten, das flotteste Auto haben, das schönste Haus besitzen und nicht nur eine liebevolle Frau und Mutter sein, sondern obendrein in der Gemeinde und bei Wohltätigkeitsorganisationen mitarbeiten. Sie überforderte sich total, und der Stress mündete nach und nach in einen Zustand völliger Erschöpfung. Kein Wunder, dass sie am liebsten alles hingeschmissen hätte.

Ich wusste, dass damit allein nicht allzu viel gewonnen wäre. Doch bevor ich Ihnen erzähle, wie ich Rahel zu helfen versuchte, wollen wir einmal sehen, ob Sie die verschiedenen Bereiche, die bei ihr den Stress verursachten, erkannt haben.

Kinder sind der Stressfaktor Nummer eins

Wie Sie wahrscheinlich schon vermuten, sind im Leben der meisten Mütter die Kinder der Stressfaktor Nummer eins. Was Rahel bei ihren Kindern am meisten zu schaffen machte, war die Disziplin. Weil Rahel die typische «Helferin» war, neigte sie zu übertriebener Nachsicht. Ihre Teilzeitbeschäftigung zog es nach sich, dass die eigenen Kinder einen großen Teil ihrer Zeit von Fremden betreut wurden – die beiden älteren von Nachbarinnen, der Vierjährige in einer Kindertagesstätte.

Den Kindern gefiel es nicht, dass ihre Mutter arbeitete, und sie ließen Rahel das spüren, wenn sie nach Hause kam, indem sie über die Stränge schlugen. Wie viele berufstätige Mütter hatte Rahel ihren Kindern gegenüber ein schlechtes Gewissen, und das führte dazu, dass sie noch nachsichtiger wurde. Anstatt einmal durchzugreifen, versuchte sie ihre Kinder dadurch versöhnlich zu stimmen, dass sie «lieb» war und ihnen mehr durchgehen ließ, als gut war. Das Zubettgeh-Ritual endete dann allerdings fast jeden Abend damit, dass Rahel alle drei anschrie, weil sie nicht mehr konnte.

Rahel hätte also – wie die meisten Mütter, die ich befragt habe – ihre eigenen Kinder auf der Stressliste bestimmt ganz zuoberst platziert. Falls Rahels Problem nicht ganz mit Ihrer Situation übereinstimmt, dann finden Sie sich vielleicht in den folgenden Bemerkungen der von mir befragten Mütter wieder:

Eine Zwanzigjährige mit einem neun Monate alten Kleinkind hatte am Ende des Tages Probleme, «wenn es nicht so läuft, wie ich mir das vorstelle, wenn das Essen anbrennt, der Kleine schreit und sich nicht beruhigen lässt ...»

Die meisten Mütter kennen den Stress mitten in der Nacht, wenn die Kleinen anfangen zu weinen. Eine dreiundzwanzig Jahre alte Mutter mit einem sechs Monate alten Baby gab zu, dass «das Schreien und Rumzappeln und Jammern des Babys mich stresst – dass ich nicht durchschlafen kann, weil ich ihn füttern muss, und, und, und ...»

Natürlich schreien Babys nicht für immer in der Nacht. Sie wachsen zu Zweijährigen heran. Aber auch ein Zweijähriger kann einem den Nerv töten, wie das Votum der neunundzwanzigjährigen Mutter beweist, die mir schrieb: «Wenn ich am Telefon bin und der Kleine mir zu Füßen hockt und brüllt, oder wenn ich in einem Laden bin und der Kleine brüllt, oder wenn ich Auto fahre und der Kleine brüllt – dann steigt mein Stresspegel ins Astronomische.»

Dann war da noch die fünfundzwanzigjährige Mutter

mit einem Zwei- und einem Einjährigen, die das dritte Kind erwartete. Kein Wunder, dass sie nur noch die Kraft für ein einziges Wort auf meinem Fragebogen aufbrachte: «Ausgelaugt!»

Wenn die Kinder etwas älter werden, ändern sich zwar die Stressursachen, aber sie sind noch genauso intensiv. Eine zweiunddreißig Jahre alte Mutter mit Kindern im Alter von zwölf und acht sagte, sie sei gestresst, wenn «die Kinder so unvernünftig reagieren. Wenn ihnen alles egal ist.» Eine Sechsunddreißigjährige mit einem zehn und einem fünf Jahre alten Kind empfand Stress, «wenn ich zwischen den beiden den Schiedsrichter spielen muss».

Wenn die Kinder dann ins Teenageralter kommen, wird natürlich alles besser, oder? Nicht für die meisten Mütter, mit denen ich gesprochen habe. Eine vierunddreißigjährige Mutter war gestresst, weil ihr Vierzehnjähriger mit seinen Schulleistungen ständig kurz vor dem Absturz stand und sich zudem unablässig mit seinem neunjährigen Bruder stritt.

Eine neununddreißigjährige Mutter von zwei Teenagern erzählte, wie es bei ihnen zu Hause zuging: «Sie machen wohl Witze! Die Achtzehnjährige kommt abends viel zu spät nach Hause, und tagsüber hängt sie ständig am Telefon. Der Fünfzehnjährige ist ewig krank. Die Zeit reicht nie, und mein Mann spielt zu Hause den Pascha.»

Die Teenagerjahre führen häufig noch zu Stress in Gestalt von Sorgen darüber, ob die Kinder in der Ausbildung und in ihren zwischenmenschlichen Kontakten zurechtkommen. Eine dreiundvierzigjährige Mutter mit zwei Teenagern ist besorgt über die schulischen Leistungen ihrer Kinder und darüber, dass sie kaum Freunde und ein unterentwickeltes Selbstwertgefühl haben.

Eine siebenundvierzigjährige Mutter mit Töchtern im Alter von einundzwanzig und neunzehn und zwei Söhnen im Alter von fünfzehn und zwölf Jahren sagt: «Ich bin gestresst, wenn ich daran denke, ob meine Töchter gute Männer finden, die auch gläubig sind. Eine Tochter hat, seit sie dreizehn ist, immer wieder mal Selbstmordgedanken. Die Mädchen scheinen nur für den Augenblick zu leben und gar keine Gedanken an die Zukunft zu verschwenden.»

Und so geht es weiter. Stress und Kinder gehören unweigerlich zusammen. Es gibt jedoch ein paar Möglichkeiten, das Stressniveau zu senken, und darauf komme ich in Kapitel 7 und 8 zu sprechen. Zunächst wollen wir uns allerdings wieder Rahel zuwenden, denn sie hat noch ein paar weitere Probleme, die sie fertig machen.

Stressfaktor Nummer zwei: die Zeit

Der zweite Stressfaktor, der sich bei meiner Umfrage bei Frauen und Müttern herauskristallisierte, war die fehlende Zeit. Rahel passt genau in dieses Bild. Ihr unglaublicher Tagesablauf ließ ihr kaum eine Verschnaufpause, und wenn etwas Unvorhergesehenes dazwischenkam, geriet sie völlig aus dem Häuschen. Sie geriet hoffnungslos ins Schwimmen, wenn zum Beispiel eines der Kinder krank wurde, und sei es nur für einen Tag. Für Grippe, Erkältungen und andere kleine Beschwerden war einfach keine Zeit.

In einer unserer Sitzungen fragte ich Rahel – und das war nur halb scherzhaft gemeint –, ob ihre Kinder Bauchweh oder aufgeschürfte Knie vorausplanen müssten. Rahels Zeitmangel war extrem, aber in gewissem Maß taucht dieses Problem überall auf. Bei meiner Umfrage wurden als wichtiger Stressfaktor die Uhr, die Arbeitsüberlastung und die Müdigkeit genannt.

Ein Satz, der immer wieder vorkam, lautete: «Zu viel auf dem Programm.» Dabei wollen viele Frauen sich gar nicht zwanghaft zu viel aufhalsen. Nein, es bleibt ihnen gar nichts anderes übrig, als sich um all die Dinge zu kümmern, die auf ihrer Türschwelle landen.

Eine siebenundzwanzigjährige schwangere Mutter fasste die Hauptstressquellen in ihrem Leben so zusammen: «Ich versuche das Essen pünktlich auf den Tisch zu bringen, obwohl ich gar nicht weiß, wann mein Mann nach Hause kommt. Wir ziehen in eine neue Wohnung, und es sind immer noch wer weiß wie viele Kartons auszupacken. Ich muss an einem Tag zu viel erledigen und kann nichts zu Ende bringen.»

Eine sechsundzwanzigjährige Mutter eines Einjährigen sagte: «Ich arbeite teilzeitlich. Pünktlich zur Arbeit zu kommen, einen guten Babysitter zu finden und trotzdem noch das Haus sauber zu halten, das Essen auf den Tisch zu bringen und dann auch noch Zeit für meinen Sohn zu haben, das stresst mich.»

Eine Mutter von drei Kindern zwischen drei und acht brachte es so auf den Punkt: «Mir scheint, als wollten *alle immer* etwas von mir!»

Eine andere mit Kindern von dreizehn und zwölf meinte: «Zu viele Fronten, an denen ich kämpfen muss!»

Der alltägliche Kleinkram frisst die Frauen auf. Eine zweiunddreißigjährige Mutter mit Kindern von acht, fünf und drei nannte als Stressquellen: «Meine drei Kinder, das Essen, Waschen, das Zubettbringen, die Hausaufgaben des Ältesten, mein Mann, wenn er trinkt – und das TELEFON!»

In den Zitaten dieser überarbeiteten und überbeanspruchten Mütter taucht, wie Ihnen vielleicht aufgefallen ist, jemand immer wieder auf: *mein Mann*. Bei meiner Frage nach den wichtigsten Stressfaktoren von Müttern schafften es die Ehemänner auf den dritten Platz, nur wenige Punkte hinter Termin- und Zeitdruck.

Stressfaktor Nummer drei: der Ehemann

«Meinungsverschiedenheiten» scheinen eine der Hauptursachen für Stress zwischen Mann und Frau zu sein. Frauen sind gestresst wegen Meinungsverschiedenheiten im Blick auf die Kindererziehung, auf das Haushaltsgeld oder wenn der Mann zu spät nach Hause kommt, um nur ein paar Punkte zu nennen. Eine Frau sagte es so: «Mein Mann kommt immer zu spät – er wird noch zu seiner eigenen Beerdigung zu spät kommen!»

Diese grundlegenden Meinungsverschiedenheiten bewirken oft, dass die Frau anfängt zu nörgeln. Frauen wissen nur zu gut, dass sie nicht ständig meckern sollten, aber oft haben sie das Gefühl, sie würden regelrecht in diese Rolle gedrängt. Eine Frau empfand es als starken Stress, dass sie «ständig herumnörgeln muss, damit er so einfache Dinge tut wie sich waschen, was Sauberes anziehen usw.»

Viele Frauen fühlen sich nicht unbedingt eins mit ihrem Mann. Eine Frau berichtete von Stress durch die «zu häufige körperliche und geistige Abwesenheit meines Mannes, meine eigene innere Abwesenheit, einen Mangel an geistlicher Übereinstimmung mit meinem Mann, zu wenig Gebet».

Eine andere, einundzwanzig, mit einem acht Monate alten Kind, berichtete von ihrem Mann, dass er «alle wichtigen Entscheidungen mir überlässt. Die Kommunikation zwischen uns funktioniert nicht. Ich habe nicht mal zehn oder fünfzehn Minuten am Tag Zeit für mich, ohne mich um das Baby kümmern zu müssen.»

Eine sechsunddreißigjährige Frau mit einem Zehnjährigen erwähnte ihren Mann zwar nicht direkt, sprach aber von einem «Mangel an offenem Gespräch, einer gleichgültigen Haltung» in ihrer Familie.

Eine einundfünfzigjährige Frau mit fünf erwachsenen Kindern zwischen zweiundzwanzig und dreiunddreißig empfindet starken Stress, wegen der «Launen meines Mannes und seiner grundsätzlichen Haltung mir gegenüber. Nichts, was ich tue, ist wichtig. Nur was *er* tut, zählt».

Das Gefühl, sie seien die Einzigen, die sich wirklich um alles kümmern, ist vermutlich der größte Stressfaktor für fast alle Frauen. Eine Mutter sprach von dem Gefühl, «die einzige zu sein, die in diesem Haus überhaupt etwas tut».

Rahel, die Hauptfigur unserer Fallstudie, könnte sich damit identifizieren. Wir haben bereits von Andis fehlender Mitarbeit im Haushalt gesprochen und dass Rahel auf seiner Prioritätenliste nicht allzu weit oben steht. Ich sage es noch einmal, damit es sich besser einprägt:

> Wenn eine Frau auf der Prioritätenliste ihres Mannes nicht weit oben steht – und mit «weit oben» meine ich wirklich an der ersten Stelle –, dann ist das für sie eine enorme Stressquelle.

Wenn eine Frau heiratet, erwartet sie, dass sie geliebt, geschätzt und bewundert wird. Geschieht das nicht und verbringt der Mann die meiste Zeit an seiner Arbeitsstelle, fühlt sie sich bedroht. Bedrohung ruft Stress hervor, und wenn die Bedrohung sich fortsetzt, kann der Stress sie fertig machen.

Wie viele Frauen, die versuchen, einer Arbeit nachzugehen und gleichzeitig die Kinder großzuziehen, war Rahel überarbeitet und überfordert. Aber das war nicht der wahre Grund für die quälende, lähmende Müdigkeit, die sie überwältigte. Der eigentliche Grund war der enorme Stress, der sich aufbaute, weil Andi einfach kein Interesse daran hatte, ihr zu helfen und auch einmal mit anzufassen.

Wenn die grundlegende Einigkeit mit dem Mann fehlt, wird der Stress von allen Seiten viel stärker empfunden. Ich glaube, Rahel empfand auch finanziellen Stress, obwohl sie und Andi mehr als genug hatten und sich alles kaufen konnten, was ihnen wichtig war.

Stressfaktor Nummer vier: das liebe Geld

Der vierte Stressfaktor ist meiner Umfrage gemäß das Geld – finanzielle Probleme. Bei Rahel und Andi schien das nicht der Fall zu sein. Allem Anschein nach hatten sie genug Geld, um sich alles zu kaufen, was sie zu brauchen meinten. Trotzdem bin ich überzeugt: Sie hatten auch finanzielle Probleme. Denn für die meisten Menschen gehen Geldprobleme nicht hauptsächlich auf das zurück, was sie brauchen, sondern auf das, was sie sich wünschen, und meistens wünschen sie sich zu viel. Andi und Rahel wollten alles, und wie viel Geld sie auch verdienten, es war nie genug.

«Am Ende des Geldes zu viel Monat übrig», war eine häufig genannte Stressquelle bei meiner kleinen Umfrage. Kinder großziehen ist teuer, aber auch Frauen ohne Kinder beklagten sich, wie zum Beispiel die Neunundzwanzigjährige, die Stress empfand, «wenn die Rechnungen sich türmen und der Lohn nicht reicht».

Alles hat seinen Preis, und Stress bildet häufig auch noch einen Posten auf der Rechnung. Eine einundfünfzigjährige Frau, deren Kinder schon lange erwachsen und aus dem Haus waren, berichtete, ihr Stresspaket sei in Form einer anspruchsvollen Schwiegertochter geliefert worden – und eines Hundes, der gerade frisch gesetzte Blumenzwiebeln im Wert von vierzig Dollar aus dem Vorgarten ausgebuddelt hatte.

Es ist schwer zu sagen, warum so viele familiäre Auseinandersetzungen sich ums Geld drehen. Es kann akute Engpässe geben; der finanzielle Stress kann aber auch mit dem ständigen Kampf zusammenhängen, in einer Konsumgesellschaft zu leben, die uns dazu verlockt, uns total zu verausgaben und uns immer mehr unter Druck zu setzen, bis wir schließlich pleite sind.

Ganz gleich, aus welchem Grund Frauen berufstätig sind: Wenn sie von der Arbeit nach Hause kommen, wartet noch mehr Arbeit auf sie. Meine Umfrage hat gezeigt, dass die Hausarbeit der fünfte Stressfaktor der Frauen ist, weil so viele von ihnen zwei Jobs haben: einen im Büro und den anderen in Küche und Waschküche.

Stressfaktor Nummer fünf: Die Hausarbeit hört niemals auf

Auch für Rahel war die Hausarbeit eines der großen Probleme, obwohl sie es sich leisten konnte, zweimal in der

Woche eine Putzfrau zu engagieren. Sie musste immer noch kochen, wenn sie von der Arbeit nach Hause kam. Die Küche musste aufgeräumt, die Wäsche gewaschen und gebügelt werden und so weiter.

Von Andi bekam Rahel keinerlei Hilfe. Schließlich war er ja den ganzen Tag außer Haus, «um für sie und die Kinder zu sorgen». Da hatte er ja wohl das Recht, abends vor dem Fernseher zu hängen! Die Folge war, dass Rahel anfing, Dinge vor sich her zu schieben. Sie war nicht organisiert und hatte keine Routine für die Hausarbeit entwickelt. Ja, die ganze Situation zehrte an ihr, und sie war so weit, zu kapitulieren.

Viele Frauen, die ich gefragt habe, waren zwar nicht unbedingt so weit, im Kampf mit der Hausarbeit die Waffen zu strecken, aber sie empfanden sich auch nicht als Sieger. Von allen Frauen, mit denen ich sprach, sagte nur eine einzige, die Hausarbeit mache ihr Spaß! Manche hatten so viele andere Probleme, dass sie gar keine Kraft mehr hatten, das schmutzige Geschirr und die Wäscheberge in Angriff zu nehmen.

Eine Zweiunddreißigjährige ohne Kinder klagte über Stress, weil «ich zuerst einmal mit den Sorgen um meinen Job zu kämpfen habe. Dann sorge ich mich wegen der Rechnungen, obwohl sich eigentlich mein Mann darum kümmert. Bis ich von der Arbeit nach Hause komme, bin ich so erledigt, dass ich für die Hausarbeit überhaupt keine Lust mehr habe».

Manchmal meinen wir, die Hausarbeit würde dann zum Problem, wenn die Liste der Arbeiten und Aufgaben zu lang sei. Aber eine Mutter von dreißig Jahren mit drei kleinen Kindern zwischen zwei und sieben fand schon so einfache Dinge wie «verschüttete Milch oder verstopfte Toiletten» stressig. Was einer anderen Mutter mit nur einem Kind im Alter von zehn Jahren zu schaffen machte, war, «wenn Besuch kommt, vor allem die Eltern oder Schwiegereltern».

Manchmal ist es nicht die Hausarbeit an sich, die zum Stressfaktor wird, sondern das *Timing*. Eine siebenundzwanzigjährige Mutter mit einem einjährigen Kind und einem Mann, der sehr viele Überstunden machte, meinte: «Gegen fünf Uhr am Abend ist es am schlimmsten. Mein Sohn scheint genau zu wissen, wann er mich fertig machen kann. Er schreit und klammert sich an meine Beine, während ich versuche, das Abendessen zu kochen. Ich bin anschließend so müde, dass ich am liebsten mit meinem kleinen Sohn ins Bett gehen würde – um acht Uhr!»

Und wie ist es mit den Frauen, die nicht außer Haus arbeiten? Für viele «Nur-Hausfrauen» ist gerade das ein Stressfaktor, dass sie «immer zu Hause sind». Eine siebenundzwanzigjährige Mutter mit Kindern im Alter von einem Jahr und drei Jahren sagte, für sie sei es Stress, wenn sie «schlanke, perfekt gestylte Mütter mit ihren tadellosen Wohnungen sehe. Und es stresst mich, dass ich keine ‹richtige Arbeit› habe». Und eine dreißigjährige Mutter mit einem Fünfjährigen und einem Neugeborenen fügte hinzu: «Stress ist, wenn die Leute in meiner Umgebung vergessen, dass Muttersein auch harte, wichtige Arbeit ist. Die Leute meinen heute, man müsse als Frau einem Beruf nachgehen.»

Was diese Mutter nicht erkannt hat, ist, dass Mutter- und Hausfrau-Sein *auch* ein Beruf ist – einer, den viele

Frauen vernachlässigen müssen, wenn sie beschließen, außer Haus zu arbeiten. Einer der größten Köder, der den Frauen von den Vertretern der «Ich-will-alles»-Mentalität vor die Nase gehalten wird, ist die Vorstellung, sie müssten einen «richtigen Beruf» haben; sie müssten den Glamour und die Hektik der Berufswelt kennen, wo Menschen tun, was wir wollen, und womöglich unseren Anordnungen gehorchen müssen. Sie müssten die eigene Kreditkarte haben, mit der sie «ihren Mann zum Essen einladen» können ... wie die Geschäftsfrau in der Fernsehwerbung. Aber das alles kostet seinen Preis, und dieser Preis ist hoch.

Stressfaktor Nummer sechs: der «Beruf»

An sechster Stelle der Stressverursacher, so berichteten viele Frauen, steht der «Beruf». Rahel liebte ihre Arbeit im Kindergarten, und sie war eine gute Kindergärtnerin. Sie war stolz darauf, ohne Hilfe mit den fünfzehn Vorschulkindern zurechtzukommen. Ja, sie war so stolz auf ihre «beruflichen Fähigkeiten», die sie im Kindergarten einsetzen konnte, dass ihr der Widerspruch zu den Streitereien zu Hause mit den eigenen Kindern gar nicht bewusst wurde.

Rahel ist nicht die einzige Mutter, die das Gefühl hat, in der Zwickmühle zu stecken, wenn sie versucht, zwei Berufe zu vereinbaren. Eine dreiundzwanzigjährige Frau ohne Kinder erlebte schon genug Stress durch «den Druck an der Arbeitsstelle – und schon allein bei der Fahrt über die Autobahn zum Arbeitsplatz».

Eine neunundzwanzigjährige allein erziehende Mutter mit einem Dreijährigen und einem sechs Monate alten Kind erlebte Stress an ihrer Stelle mit «hohen Anforderungen und niedrigem Lohn». Sie wollte sich weiterbilden, um im Beruf besser vorwärts zu kommen, aber es gelang ihr nicht, weil sie häufig Überstunden machen musste, um «überhaupt durchzukommen».

Eine berufstätige Frau beklagte sich über «die Eintönigkeit im Geschäft und die schwierigen Kunden».

Eine achtunddreißigjährige Mutter mit einem Teenager und einem Zwölfjährigen fand ihren Job stressig, weil «ich in einem ‹Publikumsbetrieb› arbeite und der ständige Kontakt mit anderen Leuten und das Eingehen auf ihre Wünsche schrecklich Nerven kostet».

Weil die berufstätige Mutter ein immer häufiger vorkommendes Phänomen ist (nach den jüngsten Statistiken sind 56% aller Mütter mit Kindern von achtzehn Jahren und darunter berufstätig), werden wir in den Kapiteln 9 und 10 noch näher darauf eingehen.

Was ist die Antwort auf all den Stress?

Die genannten Beispiele zu den «sechs größten Stressfaktoren» sollen einmal reichen. In einigen haben Sie sich wahrscheinlich selbst wiedererkannt, und nun möchten Sie wissen: «Was kann ich dagegen tun?»

Und was ist mit Rahel? Welches Zaubermittel hat Dr. Leman dieser gestressten Frau mit ihrer Doppelbelastung in Familie und Beruf gegeben? Der Frau mit ihrem Pseudo-Ehemann und den völlig falschen Vorstellungen darüber, wie Familienleben auszusehen hat? Die Geschichte von Rahel und Andi hat in der Tat ein glückliches Ende gefunden, weil beide ein paar wichtige Schritte unternommen haben, um den Stress in ihrem Leben abzubauen beziehungsweise ihm vorzubeugen. In Kapitel 5 wollen wir ihre Geschichte weiter verfolgen und etwas von dem «Geheimnis» aufdecken, wie wir Stress unter Kontrolle halten können.

Kapitel 5

Ein einfaches «Geheimnis» zum Abbau von Stress

«Geben Sie mir ein paar Pillen oder sonst etwas – irgendetwas zum Entspannen»

Am Ende von Kapitel 4 saß Rahel, unsere dreiunddreißig Jahre alte gestresste Mutter von drei Kindern, in meinem Sprechzimmer und fragte: «Wie finde ich aus dem Sumpf, der ‹mein Leben› heißt, wieder hinaus?»

Rahel war zu mir gekommen, weil sie nicht mehr weiterwusste. Von Andi, ihrem teilnahmslosen Ehemann, konnte sie kaum Hilfe erwarten. Er war vollauf damit beschäftigt, in seinem Büro die Leiter zum beruflichen Erfolg zu erklimmen, und wiederholte nur immer wieder: «Ich tue das schließlich nur für dich und die Kinder!»

Auch Rahels drei Kinder waren keine Hilfe. Sie verhielten sich wie ganz normale Acht-, Sechs- und Vierjährige, deren Mutter nicht oft genug zu Hause ist – sie heulten, brüllten und nahmen wenig Rücksicht. Alles, was sie wussten, war, dass ihre Mutter ständig herumschrie – vor allem, wenn sie nicht ins Bett wollten.

Den fünfzehn Vorschulkindern tat Rahel vielleicht Leid, wenn sie gesagt bekamen: «Eurer Erzieherin geht es heute nicht gut»; aber helfen konnten sie ihr auch nicht. Sie konnten höchstens einmal eine Karte schicken.

Kurz, keiner der Menschen in Rahels Leben konnte ihr aus dem Sumpf heraushelfen. Sie *waren* schließlich der Sumpf – oder etwa nicht?

Rahel saß in meiner Praxis und starrte mich aus blauen, unendlich müden Augen an: «Nun?»

Höchste Zeit, dass Dr. Leman seine komplizierte Diagnose stellte.

«Es gibt einen psychologischen Fachbegriff für Ihren Zustand, Rahel. Man nennt ihn Chaos.»

«Das weiß ich auch, dass alles ein Chaos ist», kam es kurz zurück. «Geben Sie mir ein paar Pillen oder sonst etwas – irgendetwas zum Entspannen ...»

«Ja, sicher, das können wir alles machen», erwiderte ich. «Aber damit würden wir nur die Symptome behandeln. Sie müssen an die Ursachen gehen – die Wurzel Ihrer Probleme, den Grund, warum Sie sich selbst auf Versagen programmieren.»

Der Begriff *Versagen* gefiel Rahel nicht. Schließlich hatten sie und Andi drei gesunde Kinder, zwei neue Autos und ein schönes Haus. Fünfzehn Vorschulkinder betreute sie mit links. Wo war das Versagen?

«Ja, und Sie sind deprimiert, erschöpft und unglücklich über Ihren Mann und die Kinder. Ihr Magen rebelliert, in Ihrem Kopf hämmert es wie eine Buschtrommel, und Sie stehen kurz vor dem Kollaps. Würden Sie das Erfolg nennen?»

«Nun, wenn Sie es so sehen, dann haben Sie vielleicht Recht.»

«Ich habe vielleicht Recht? Nun, wenn ich nicht Recht

habe, warum sind Sie dann überhaupt zu mir gekommen? Also passen Sie auf. Sie müssen ein paar Dinge in Ihrem Leben ändern – und je eher, desto besser. Das Tröstliche ist, dass das meiste davon ganz einfach ist – und manches sogar Spaß machen wird.»

Bei den Worten «einfach» und «Spaß» horchte Rahel auf. Eine der ersten Aufgaben, die ich ihr stellte, lautete, sie solle einmal über die folgende Frage nachdenken: «Was ist das Wichtigste im Leben?»

«Bis jetzt habe ich immer gedacht, es wären mein Mann und die Kinder», sagte sie. «Aber inzwischen bin ich mir nicht mehr so sicher. Andi hat immer nur die Arbeit im Kopf und erwartet von mir nur, dass ich ihn bediene und mit ihm schlafe, wenn *er* nicht zu müde dazu ist. Und wenn ich mit den Kindern zusammen bin, dann streiten sie sich nur und ärgern mich. Es scheint, als wollten alle etwas von mir und ich hätte nie Zeit für mich selbst.»

«Dann wollen wir uns einmal Ihren allmächtigen Terminkalender ansehen und dafür sorgen, dass Sie einmal in der Woche etwas nur für sich tun.»

Rahel verlässt den Sumpf

Und so machte sich Rahel auf den Weg aus ihrem Sumpf. Das «Etwas nur für mich» bestand im Besuch eines Gymnastikkurses. Das hatte sie schon immer machen wollen, aber sie hatte nie Zeit gehabt. Nun *nahm* sie sich die Zeit und meldete sich für drei Abende pro Woche zum Aerobic-Programm an. Seltsamerweise fühlte sie sich danach stärker und vitaler als je zuvor.

Das nächste, was wir uns vornahmen, war ihre Rolle als Mitverdienerin. Ihr Teilzeitjob kostete sie jede Woche viel

Zeit. Außerdem forderten die fünfzehn Vorschulkinder auch einen großen Teil ihrer Kräfte.

Rahel liebte ihre Arbeit, deshalb fiel es ihr nicht leicht, sich objektiv damit auseinander zu setzen. Schließlich musste sie aber einräumen: «Allmählich geht mir auf, dass ich mich um alle möglichen anderen Kinder und ihre Entwicklung kümmere, aber für meine eigenen bleibt mir keine Zeit.»

Nicht, dass sie ihre Kinder vernachlässigt hätte – überhaupt nicht. Rahel bemühte sich, zu tun, was nötig war, und bewies dabei großen Einfallsreichtum. So spielte Sara, ihre achtjährige Tochter, zum Beispiel bei einem Theaterstück in der Schule mit, aber Rahel konnte natürlich nicht kommen, weil die Aufführung für ein Uhr mittags angesetzt war und sie um diese Zeit im Kindergarten zu tun hatte. Rahel war ganz stolz, dass sie daran gedacht hatte, eine andere Mutter zu bitten, die Aufführung auf Video aufzunehmen. So konnte sie sich Saras Vorstellung später zu Hause ansehen.

«Sehr löblich», sagte ich bei unserer wöchentlichen Sitzung. «Ihr Problem, dass Sie Ihrer Tochter nicht zusehen konnten, das haben Sie gelöst. Aber das Problem der Achtjährigen, die im Publikum nach ihrer Mutter sucht und sehen will, ob sie ihr applaudiert, das haben Sie nicht gelöst.»

(Natürlich hätten wir auch noch darüber reden können, warum der Herr Papa nicht da war – schließlich hat man auch schon von Sales Managern gehört, dass sie sich einmal einen Nachmittag frei nehmen. Aber im Moment waren wir bei Rahels Sumpf. Der von Andi kam erst später an die Reihe.)

Die Sache mit der Videoaufzeichnung führte zu Rahels nächstem großen Schritt. Sie hatte erkannt, dass sie weder ihren Mann noch die Kinder ändern konnte, wohl aber ihren eigenen Stundenplan. Andi war zunächst einmal schockiert über ihren Entschluss, zum Ende des Schuljahrs die Arbeit im Kindergarten aufzugeben. Bis dahin waren es nur noch ein paar Wochen. Gleichzeitig spürte Rahel aber auch, dass er sich irgendwie freute. Er war selbst mehr als nur ein bisschen gestresst, und auch ihm ging allmählich auf, dass die «Ich-will-alles»-Mentalität an ihnen allen zehrte – vor allem aber an Rahels körperlichem und seelischem Wohlbefinden.

«Ich kann heraus – ja, ich komme heraus!»

Wir arbeiteten uns also langsam aus dem Sumpf heraus, aber da waren immer noch ein paar Krokodile, mit denen wir fertig werden mussten. Mehrere Sitzungen mit Rahel verwandte ich darauf, ihr bei einem «Lebensstil-Entzug», wie ich es nenne, zu helfen. Rahel war von Natur aus ein Mensch, der gefallen will, die typische Helferin, und die Vorstellung, sich selbst einmal an die erste Stelle zu setzen, behagte ihr ganz und gar nicht.

«Sie haben ein paar schwierige Entscheidungen getroffen», sagte ich ihr. «Und Sie sollten sich dabei wohl fühlen. Sie sind es wert. Sie haben das Recht auf ein paar ‹Auszeiten›, in denen Sie nicht ständig auf Trab sind, um alles zu schaffen.»

Rahel brauchte eine gewisse Zeit, aber langsam fügte sich alles zusammen. Der Gymnastikkurs und die Tatsache, dass sie sich nicht mehr um die fünfzehn Kinder zu kümmern hatte, führten dazu, dass sie entspannter war und nicht mehr so ausgelaugt wirkte. Mit den eigenen Kindern gab es noch immer Probleme, aber nun hatte sie mehr Zeit, sich damit auseinander zu setzen.

Im Verlauf der nächsten Monate begann sie, sich mit sich selbst und den Kindern viel wohler zu fühlen. Der Sumpf war gar nicht so tief, wie sie gemeint hatte, und sie merkte auf einmal: «Ich kann heraus – ja, ich komme heraus!»

Das zweite Einkommen fehlte natürlich, aber sie vermissten es nicht so sehr, wie Rahel befürchtet hatte. Ihr ging auf einmal auf, wieso das Leben für sie und Andi in den ersten Jahren ihrer Ehe so viel glücklicher gewesen war, als sie zwar finanziell zu kämpfen, dafür aber mehr Zeit füreinander gehabt hatten.

Allmählich bekam die harte Schale, mit der Rahel sich umgeben hatte, ein paar Risse. Darunter entdeckten wir eine viel weichere Rahel, der es wirklich ein Anliegen war, im Leben ihrer Kinder und ihres Mannes einen positiven Einfluss auszuüben.

Andi kommt mit Rahel in die Beratung

An diesem Punkt schlug ich vor, Andi sollte mit Rahel in die Beratung kommen. Er zögerte zunächst, willigte dann aber ein. (Vielleicht verhalf ihm das Beispiel seiner Frau zur Einsicht, dass auch er einmal ein paar Stunden vom Büro fernbleiben könnte!)

Eine der ersten Übungen, um die ich die beiden bat, bestand darin, die drei oder vier wichtigsten Dinge in ihrem Leben aufzuschreiben. Zu Rahel sagte ich, es könnte noch interessant sein zu notieren, was sie geschrieben hätte, als sie das erste Mal zu mir kam, und dann in einer zweiten

Liste ihre heutigen Prioritäten festzuhalten und zu sehen, was sich seitdem verändert hatte.

Beide machten sich mit Stift und Papier an die Arbeit. Etwa fünf Minuten später forderte ich sie auf, sich gegenseitig ihre Listen vorzulesen, während ich zuhörte.

Andis Aufstellung überraschte mich nicht. Da hieß es: «Erstens die Familie; zweitens die Arbeit; drittens finanzielle Sicherheit; viertens Freizeit (Joggen).»

Rahels zwei Listen waren äußerst aufschlussreich. Zum Zeitpunkt unserer ersten Sitzung hätten, so meinte sie, ihre Prioritäten so ausgesehen: «Erstens die Kinder; zweitens mein Mann; drittens die Arbeit; viertens die Gemeinde.» Nun sei daraus geworden: «Erstens die Kinder; zweitens ich selbst; drittens die Gemeinde; viertens mein Mann.»

Andi war ein bisschen überrascht, dass er auf Rahels zweiter Liste erst an vierter Stelle auftauchte, was ja zeigte, wie sie ihm gegenüber im Moment empfand. Als ich später allein mit ihm sprach, während Rahel draußen wartete, erklärte ich ihm, dass sie ihn deshalb an die vierte Stelle gesetzt hatte, weil ich mit ihr daran arbeitete, dass sie sich auch Zeit für sich selbst nahm.

«Ist das wirklich eine gute Idee?», wollte er wissen. «Ich habe die Familie an die erste Stelle gesetzt, und das erwarte ich von Rahel eigentlich auch.»

«Nun, Andi, ich denke, genau das ist Ihr Problem. Sie sagen Rahel immer wieder, Sie würden deshalb Überstunden machen und hundemüde nach Hause kommen, weil Sie es für sie und die Kinder tun. Aber klingt das nicht ein bisschen hohl, wenn Sie kaum einmal Zeit mit den Kindern verbringen und Rahel nie im Haus helfen, obwohl Sie beide am nächsten Tag wieder raus und an die Arbeit müssen?»

Andi starrte auf den Teppich. «Ja, es stimmt schon, dass ich mich kaum einmal an der Hausarbeit beteilige. Ich bin halt einfach furchtbar müde, wenn ich zehn bis vierzehn Stunden unterwegs war.»

«Das kann ich verstehen. Mir geht es an manchen Tagen genauso, wenn ich aus der Praxis komme. Aber aus den Gesprächen mit vielen Patientinnen und Patienten habe ich gelernt, dass Männer und Frauen eine unterschiedliche Sprache der Liebe sprechen. Wir Männer meinen, wir sagten: ‹Ich liebe dich›, indem wir wie die Höhlenmenschen losziehen und die ‹Beute nach Hause bringen›. Dann machen wir uns – und unseren Frauen – vor: ‹Das tue ich doch nur für dich und die Kinder!›»

«Aber das tue ich doch auch!», protestierte Andi.

«Vielleicht meinen Sie das. In Wirklichkeit ist es aber so, dass wir Männer uns gern auf unsere eigenen Angelegenheiten konzentrieren und im Beruf vorwärts kommen wollen und unseren Frauen den ganzen Rest überlassen. Wie gesagt, das ist der Instinkt des Höhlenmenschen, und den gibt es nicht erst seit gestern.»

«Im Beruf vorwärts zu kommen ist mir aber wichtig. Ist das etwa falsch?»

«Nein, falsch nicht. Die Frage ist nur, *wie* wichtig es sein sollte. Ich denke, Sie sollten sich zuallererst einmal selbst eingestehen, dass Ihnen Ihre Arbeit das Wichtigste im Leben ist – zumindest meint Rahel das. Als sie das erste Mal zu mir kam, habe ich sie aufgefordert, zu formulieren, was ihrer Ansicht nach Ihre Prioritäten seien. Auf Rahels Liste der Dinge, die Ihnen wichtig sind, stand zuoberst der

Job, dann kam die finanzielle Sicherheit, als drittes folgten die Kinder und als viertes Ihre Eltern. Rahel meinte, sie selbst käme erst irgendwo danach!»

Andi war zunächst schockiert, dann wütend, und dann versuchte er sich zu verteidigen. Stand Rahel nicht zuoberst auf seiner Liste, wo er voller Überzeugung die «Familie» aufgeführt hatte?

«Nicht unbedingt. Ich beobachte häufig bei Männern, dass sie ‹Familie› schreiben. Aber ich behaupte, das kann auch eine Ausflucht sein. Bei einer intakten Ehe sollte die Frau noch vor den Kindern rangieren. Sie sollten daran denken, dass die Kinder irgendwann einmal groß werden und aus dem Haus gehen. Worüber wollen Sie sich dann mit Ihrer Frau unterhalten? Wenn Rahel jetzt das Gefühl hat, sie stünde nicht sehr weit oben auf Ihrer Liste, wie soll das dann später aussehen?»

Rahel muss auf «Nummer zwei» vorrücken

Andi bedankte sich und ging. Nun war Rahel an der Reihe, und wir sprachen über ihre beiden Listen – die eine, die widerspiegelte, was sie beim ersten Besuch empfunden hatte, und jene, die ihren jetzigen Zustand wiedergab.

«Ich bin froh, dass Sie die Zeit für sich selbst auf Platz zwei gesetzt haben. Aber dass Andi auf Nummer vier sitzt, macht mir etwas Sorgen.»

«Ach ja? Schließlich komme ich selbst auf seiner Liste überhaupt nicht vor.»

«Na gut, und was machen wir damit? Sie stehen nicht weit oben auf seiner Liste und er nicht bei Ihnen. Wie können wir das ändern? Sie wollen es doch ändern, oder nicht?»

Rahel zögerte. «Hm, ja, ich glaube schon. Seit ich zu Ihnen in die Sprechstunde komme, geht es mir persönlich besser, aber Andi hat sich nicht viel geändert. Er macht immer noch Überstunden und kümmert sich immer noch kaum um die Kinder und mich.»

«Dann finde ich, dass es höchste Zeit ist, bei Andi auf Nummer zwei vorzurücken. Jede Frau möchte gern wissen, ob ihr Mann sie wirklich liebt. Zuerst wollten Sie Andi gern glauben, wenn er behauptete, er tue das alles nur für Sie und die Kinder. Sie akzeptierten, dass er Ihnen mit seiner vielen Arbeit zeige, wie sehr er Sie liebe. Aber als Sie dann so gestresst waren, sind Sie in die Beratung gekommen. Sie haben gelernt, die Dinge aus einer anderen Perspektive zu sehen. Sie haben sich gewissermaßen auf Ihr Recht besonnen, eine echte Ehe zu verlangen: einen Mann, der sich um Sie und die Kinder kümmert – nicht nur einen Versorger und Ernährer, der kaum einmal da ist.»

«Nun, vielleicht haben Sie Recht. Aber wie soll der nächste Schritt jetzt aussehen?»

«Ich meine, Sie kommen Platz zwei näher, wenn Sie mehr von Ihrer Ehe erwarten und eine aktivere Rolle spielen als bisher ...»

«Eine aktivere Rolle?», platzte Rahel heraus. «Ich bin doch die einzige, die überhaupt aktiv ist. Ich mache die ganze Arbeit, während Andi nach dem Essen nur herumhängt und jammert, wie schwer er es tagsüber wieder mal gehabt hat.»

«Ich spreche nicht von *dieser* Art von Aktivität. Sie beschweren sich, dass Andi sich nicht sehr für Sie und die Kinder interessiert. Wenn ich davon rede, dass Sie aktiver werden sollten, dann meine ich *körperlich aktiv*. Ich meine, dass Sie sich sexuell mehr für Andi interessieren sollten.»

«Soll ich ihn etwa mit Sex bestechen?»

«Nicht bestechen – *reizen*. Es ist leicht, Andi als Schlappschwanz und Langweiler abzuschreiben, aber dadurch ändert er sich nicht. Sie erwarten, dass er sich ändert und plötzlich die Aufgaben übernimmt, die Sie von ihm als Mann und Familienoberhaupt erwarten. Das wird bestimmt nicht passieren. Aber Sie können sich selbst ändern. Sie können anfangen, ein bisschen netter zu Andi zu sein und mehr Verständnis aufbringen für den Druck, unter dem er steht. Er steht ja tatsächlich unter Druck, und er versucht, ein guter Ehemann zu sein, so wie er es versteht.»

«Das klingt nun genau so, als sollte wieder alles nur von mir ausgehen ...»

«Einer muss den ersten Schritt machen. Vielleicht hat Jesus das gemeint, als er sagte, wir sollten die andere Wange hinhalten und unsere Mitmenschen so behandeln, wie wir von ihnen behandelt werden möchten. Ich glaube, er hat sogar einigen Leuten die Füße gewaschen, um klarzumachen, was er meinte.»

Wenn ich Frauen wie Rahel rate, «die andere Wange hinzuhalten und die Füße zu waschen», dann ist mir klar, dass das ziemlich chauvinistisch und auch unfair klingen muss. Vielleicht ist es das wirklich. Ich weiß aber auch, dass es funktioniert und dass Frauen dazu viel eher in der Lage sind als Männer. Ich glaube, die Frauen haben einen viel engeren Draht zum Leben und zu ihren eigenen Gefühlen – und sie können ihren Männern darin zu einem großen Vorbild werden!

Rahel und Andi machen einen neuen Anfang

Rahel beschloss, meinen Vorschlag auszuprobieren. Als Einstieg tat sie etwas, was ich vielen Frauen rate: Entführen Sie Ihren eigenen Mann. In der folgenden Woche packte sie einen Picknickkorb, holte Andi bei der Firma ab und fuhr mit ihm in die Berge, wo sie an einer idyllischen Stelle an einem Bach eine Decke ausbreiteten und zusammen zu Abend aßen.

In der stillen, friedlichen Umgebung fand Rahel den Mut, Andi gegenüber endlich einmal ihre Gefühle zu äußern. Sie schüttete ihr Herz aus und erzählte ihm, wie jämmerlich ihr im Blick auf sich selbst, auf ihre Partnerschaft und auf die Probleme mit den Kindern zu Mute war. Sie gestand ihm, sie habe nicht mehr das Gefühl, in seinem Leben eine besonders wichtige Rolle zu spielen, und dabei wünsche sie sich nichts so sehr, wie von ihrem Mann anerkannt und geschätzt und gebraucht zu werden. Sie habe den Eindruck, ihm sei alles andere wichtiger, und sie bat ihn, sich mit ihr zusammen um die wirklich wichtigen Dinge im Leben zu kümmern.

Andi war in mehr als einer Hinsicht völlig fassungslos. Es machte ihn betroffen, dass Rahel sich so viele Gedanken machte, und er bat sie um Verzeihung für sein Verhalten. Das war für beide der Start in ein ganz neues Leben.

Im Verlauf der folgenden Wochen und Monate kam es in ihrer Beziehung zu einigen positiven Veränderungen. Andi begann Rahel öfter seine Liebe zu zeigen und sie zu loben. Er fing sogar an, nach dem Abendessen ein bisschen bei der Hausarbeit zu helfen, statt sich auf die Couch fallen zu lassen und erst um elf Uhr wieder aufzustehen und ihr auffordernd zuzublinzeln.

Rahel nahm sich weiterhin jeden Tag ein wenig Zeit nur für sich, ging weiter zum Aerobic und beteiligte sich an anderen Aktivitäten. Und sie arbeitete weiter an ihrer Beziehung zu ihren Kindern.

Ich half Rahel unter anderem, in ihrem Familienalltag mit den Kindern einen Erziehungsstil einzuführen, den ich *Reality Discipline* nenne: Erziehung, indem man Kinder die Folgen ihres Handelns erleben lässt. Rahel lernte es, ihre Kinder die Verantwortung für ihr Verhalten tragen zu lassen, statt immer hinter ihnen her zu sein, mit ihnen zu schimpfen, sie ständig daran zu erinnern, dass sie ihre Aufgaben erledigen sollten, pünktlich nach Hause kommen mussten und so weiter.

Wenn eines der Kinder zum Beispiel seinen Pflichten nicht nachkam, heuerte sie einfach jemanden an, der die Aufgabe erledigte, und zahlte ihn vom Taschengeld des Kindes. Das half ziemlich schnell! Rahel berichtete mir, sie sei erstaunt, dass sie gar nicht alles selbst machen musste – sie konnte auf einfache und gesunde Weise Autorität sein, ohne sich für alles und jeden verantwortlich zu fühlen.

Und da war noch etwas, was dazu beitrug, dass Rahel und Andi zu einer neuen Einheit fanden. In den ersten drei Jahren ihrer Ehe waren sie gemeinsam in den Gottesdienst gegangen. Dann war das erste Kind gekommen, das Leben wurde hektischer, und irgendwie hatten sie sich von der Kirche entfernt. Oder, wie Rahel sagte: «Es schien, als sei Gott durchs Fenster aus unserem Leben verschwunden!»

Ich erklärte den beiden, es sei irgendwie typisch, dass wir über unsere körperlichen und seelischen Probleme reden. Wir sollten aber nicht vergessen, dass wir dreidimensionale Wesen sind. Unser Leben hat auch noch eine geistliche Dimension. Ich schlug ihnen vor, gemeinsam nach einer Gemeinde zu suchen, in der sie sich wohl fühlten und die sie als Familie besuchen konnten.

«Es gehört zum Gesündesten, was Sie als Familie tun können, wenn Sie gemeinsam eine Gemeinde besuchen. Ich wüsste keine bessere Möglichkeit, Ihren Kindern zu vermitteln, was im Leben wirklich wichtig ist.»

Andi wollte protestieren und murmelte etwas von «Heuchlern in der Kirche». Ich erwiderte, dass es in der Kirche tatsächlich Heuchler gebe, dass ich mir für sie aber keinen besseren Ort vorstellen könnte – denn dort könnten sie unter Umständen sogar noch etwas lernen. Ob sie es denn nicht wenigstens versuchen wollten ...

Rahel und Andi ließen sich überzeugen. Und es war auch Zeit, denn ihre achtjährige Tochter Sara wollte sich schon so anziehen und so aussehen wie eine Sechzehnjährige – mit allem Drum und Dran wie Lippenstift, Ohrringen und so weiter! Rahel und Andi bekamen einen Vorgeschmack davon, was alle Eltern früher oder später durchmachen. Ihre Kinder wurden von ihrer Umwelt beeinflusst – vor allem von den Medien. Und sie sahen ein: Wenn wir als Eltern uns nicht um das Leben unserer Kinder kümmern und ihnen Vorbilder sind, dann verlieren wir sehr schnell jeglichen Einfluss auf sie.

Es wird heute viel davon geredet, dass wieder Werte gelehrt werden müssten. Ich halte das zum großen Teil für Unsinn! Man lehrt Kinder keine Werte. Kinder saugen die Werte in sich auf, die sie bei ihren Eltern und in deren Umgang miteinander beobachten – und wenn sie sehen, was ihren Eltern wirklich wichtig ist.

Rahel und Andi lernen das «Geheimnis»

Die Geschichte von Rahel und Andi fand ein glückliches Ende. Ich wünschte mir, all meine Beratungen würden so ausgehen. Rahel und Andi beschlossen ganz neu, füreinander, für die Kinder und für Gott da zu sein.

Andi lernte mit Riesenschritten, dass seine oberste Verpflichtung diejenige gegenüber seiner Frau war, dann die gegenüber den Kindern, und dass die Arbeit, die finanzielle Sicherheit und das Jogging erst dahinter rangierten. Und Rahel glaubte ihm das an dem Tag, an dem er früher heimkam und sagte, er habe sich den Nachmittag freigenommen, um bei den Kindern zu bleiben, damit sie ausgehen und sich einen schönen Tag machen könnte.

Rahel bekam übrigens den Stress unter Kontrolle. Besser gesagt, sie lernte es, *einen großen Teil des Stresses zu vermeiden*, und das gelang ihr, weil sie ein grundlegendes Geheimnis entdeckt hatte. In der Geschichte von Rahel und Andi bin ich verschiedentlich auf dieses Geheimnis zu sprechen gekommen. Das Geheimnis heißt: *Prioritäten setzen*, bestimmen, was wirklich wichtig ist. Wenn Sie es lernen, Prioritäten zu setzen, dann haben Sie das Werkzeug in der Hand, um die Probleme und Spannungen in Ihrem Leben zu kontrollieren und dafür zu sorgen, dass der Stress nicht überhand nimmt und Sie aus der Bahn wirft. Wenn ich den Menschen mein kleines Geheimnis verrate, dann erwidern sie oft: «Ist das alles? Das weiß doch jeder!»

Ich kann diese Reaktion verstehen. Es scheint tatsächlich arg simpel zu sagen: «Setzen Sie die richtigen Prioritäten, und Sie werden mit dem Stress viel besser zurechtkommen.» Doch wenn ich die vielen Menschen betrachte, die in meine Praxis kommen, gelange ich zu dem Schluss: Die meisten kennen angeblich dieses Geheimnis, aber nur die wenigsten leben auch danach. Ja, ich würde sogar sagen, die wenigsten Familien wissen, wie sie ihre Prioritäten richtig setzen können. Und deshalb leben sie unter ständigem Stress – im Sumpf des Lebens, wie ich es nenne.

Die beste Methode, aus dem Sumpf herauszukommen und auch draußen zu bleiben, besteht darin, den Maßstab herauszuholen – Ihr Prioritätensystem – und einmal daran zu messen, wie Sie leben. Was ist *wirklich* wichtig? Leben Sie dementsprechend?

Ein Prioritätenmaßstab ist ein nettes kleines Gerät, das man immer im Kopf mit sich herumtragen kann. Wenn man die Bitte an Sie heranträgt, doch in diesem Ausschuss mitzumachen oder in jenem Verein einen Posten zu übernehmen, dann nehmen Sie Ihren Maßstab hervor und sagen: «Hm, ich muss mir das erst überlegen. Ich werde mal mit meinem Ehepartner und den Kindern darüber sprechen, dann sage ich Ihnen Bescheid.»

Und wenn der Chef kommt und etwas von einer «einmaligen Chance» erzählt und Sie zu Überstunden überreden will oder Ihnen einen Job anbietet, der Sie die meiste Zeit von der Familie wegführt und Ihnen mehr Verpflichtungen aufbürdet, als Sie verkraften können, dann nehmen Sie den Maßstab hervor und überdenken Sie Ihre Prioritäten. Es ist erstaunlich, wie dieses kleine Gerät Ihnen helfen kann, den Stress in Ihrem Leben unter Kontrolle zu bringen.

Ich gebe zu, einfach ist es nicht. Das Einfachste wäre, den Maßstab in seiner Schublade zu lassen und nicht zu gebrauchen. Das Leben ist so voll von aufregenden, verlockenden und schwierigen Situationen, vor allem, wenn Sie es mit verschiedenen anderen Menschen teilen, die man gemeinhin «Familie» nennt. Wir haben bereits gesagt, dass Kinder für viele Mütter der Stressfaktor Nummer eins sind. Nun wollen wir uns einmal genauer ansehen, warum das so ist und was man dagegen tun kann.

Kapitel 6

Welche Kinder verursachen den meisten Stress?

«Sagen Sie, Dr. Leman, ist es okay, wenn mein Zwölfjähriger den ‹Playboy› liest?»

In meiner Arbeit als Therapeut und Berater begegnen mir drei Arten von Kindern: Solche, die Aufmerksamkeit wollen, solche, die Macht wollen, und solche, die sich rächen wollen.

Zunächst einmal wollen alle Kinder Aufmerksamkeit. Das ist ein völlig normaler und absolut natürlicher Wesenszug. Wenn ein Kind sich auf positive Weise Aufmerksamkeit holt – indem es gehorsam ist, gute Noten mit nach Hause bringt usw. –, haben Eltern meist keine Probleme, und es gibt keinen nennenswerten Stress. Schwierig wird es da, wo ein Kind versucht, auf negative Weise Aufmerksamkeit auf sich zu ziehen.

Den Unterschied zwischen einem negativ Aufmerksamkeit heischenden und einem machthungrigen Kind erkennen Mütter, indem sie prüfen, wie sie selbst auf das Verhalten des Kindes reagieren und was sie dabei empfinden.

Wenn Sie ärgerlich werden und zum Beispiel sagen: «Boris, hör auf damit, du machst mich noch verrückt!», dann haben Sie es im allgemeinen mit einem Aufmerksamkeit heischenden Kind zu tun, das mit seinen Albereien aufhört, wenn Sie es darum bitten – zumindest vorübergehend.

Wenn Sie sich hingegen bedrängt und herausgefordert fühlen und sagen: «Was hast du da gesagt? Hier hab immer noch *ich* zu bestimmen!», dann haben Sie es mit einem machthungrigen Kind zu tun. Bei ihm haben Sie das Gefühl, Sie müssen ihm klarmachen, wer der Boss ist.

Ich arbeite vor allem mit Müttern, deren Kinder nach Aufmerksamkeit heischen oder machthungrig sind. Hin und wieder kommen auch einmal Eltern in die Sprechstunde, die verletzt sind und fragen: «Wie konnte er mir das antun?» Wenn Eltern mit einem Kind zu tun haben, das ständig diese Art von Gefühl hervorruft, dann spreche ich von einem «rachsüchtigen» Kind.

Das rachsüchtige Kind ist schon über den Punkt hinweg, wo es Aufmerksamkeit oder Macht will. Es will Menschen verletzen und ihnen heimzahlen, was sie ihm wirklich oder vermeintlich angetan haben. Ich habe solche Kinder und Jugendliche beobachtet. Sie betreten einen Raum, und es dauert nur ein paar Minuten, da haben sie alle verärgert und gegen sich aufgebracht.

Ein rachsüchtiges Kind outet sich meist erst im Teenageralter. Nur selten können schon Acht- oder Neunjährige als rachsüchtig klassifiziert werden. Meist treten die entsprechenden Charakterzüge und Verhaltensweisen erst später deutlich zu Tage. Unsere Strafanstalten sind voll von Kindern, die nach Rache dürsten. Altersmäßig gehören sie zwar vielleicht schon zu den Erwachsenen, aber emotional sind sie noch immer Kinder. Sie wollen es irgendjemandem «heimzahlen», weil sie meinen, das Leben habe ihnen übel mitgespielt, und nun wollen sie den Spieß umdrehen!

Wir wollen uns die drei Typen einmal näher ansehen und beobachten, wie der Umgang mit ihnen Stress hervorruft und wie wir das vermeiden können.

Der kleine Bernd gönnt seiner Mutter keine Ruhe

Rita, eine attraktive Neunundzwanzigjährige, kam mit ihrem vierjährigen Sohn Bernd zu mir. Bernd war ein bemerkenswerter Anblick: die Kleidung von Kopf bis Fuß farblich aufeinander abgestimmt, die Schuhe glänzend und aus echtem Leder und das Gesicht so sauber, wie ich es noch nie bei einem Vierjährigen gesehen habe.

Ich brauchte nur zwanzig Sekunden, um zu erkennen, wo das Problem lag. Rita nahm auf der Couch Platz, und der kleine Knirps kuschelte sich sofort auf ihrem Schoß zusammen. Wenn er noch mehr in seine Mutter hineingekrochen wäre, wäre er auf der anderen Seite wieder herausgekommen! Bernd ließ mich keinen Moment aus den Augen, und es war ihm deutlich anzusehen, dass er in mir «den Feind» sah.

Wenn mein erster Eindruck stimmte, dann war er ein klammerndes, jammerndes Kind, das die ungeteilte Aufmerksamkeit und Zuwendung seiner Mutter für sich verlangte. Ich beschloss, meine Beobachtung zu testen, und fragte Bernd an einem bestimmten Punkt des Gesprächs, ob er nicht so lieb wäre, einen Augenblick ins Zimmer nebenan zu gehen und sich ein paar Kinderbücher anzusehen oder mit dem Spielzeug zu spielen.

Klein-Bernd machte sich noch kleiner und rührte sich

nicht vom Fleck. Rita versuchte nett zu sein und mir zu beweisen, wie sanft und liebevoll sie mit ihrem kleinen Prinzen umging. Aber er ließ sich nicht dazu bewegen, von ihrer Seite zu weichen. Schließlich stellte sie ihn auf die Füße und versuchte ihn zur Tür zu schieben. Er stemmte sich mit den Absätzen in den Boden und hinterließ eine Schleifspur auf dem Teppich.

Endlich aber hatten wir ihn ins Wartezimmer hinausbefördert, und ich hatte Gelegenheit, ein paar Worte mit Rita allein zu wechseln. Unübersehbar machte der bloße Gedanke, dass ihr kleiner Liebling ganz allein da draußen war, sie ziemlich nervös, und wir mussten uns kurz fassen. Dabei sagte sie etwas, was mich absolut nicht verwunderte: «Wissen Sie, ich komme überhaupt nicht zur Ruhe. Ich habe keinen Moment für mich allein.»

Ich versicherte ihr, dass ich ihr das aufs Wort glaube, und erklärte ihr auch, warum. Klein-Bernd befand sich in einem ziemlich fortgeschrittenen Stadium des Aufmerksamkeit-Heischens und war auf dem besten Weg dazu, machthungrig zu werden. Er wirkte zwar schüchtern und hilflos, aber ich erklärte Rita, dass er ihr da etwas vorspiele. Er hatte das Gefühl, er zähle nur, wenn er im Mittelpunkt stehe – vor allem bei ihr. Kinder wie Bernd, die Aufmerksamkeit wollen, müssen sich ständig vergewissern, dass Mama oder Papa – oder beide – ihnen unablässig zur Verfügung stehen.

Es waren mehrere Gespräche nötig, bis Rita erkannte, dass sie Bernd ein paar Grenzen setzen musste. Er musste lernen, dass er nicht einfach ohne anzuklopfen ins Zimmer platzen durfte, wenn Mama oder Papa die Tür geschlossen hatten. Er musste lernen, dass er nicht ständig an Mutters

Rockzipfel hängen konnte, weil das für seine Mama nicht angenehm war, und dass sie ihn dann für eine «Auszeit» in sein Zimmer bringen musste, wo er auf einem Stuhl oder auf dem Bett sitzen konnte, bis er sich wieder benehmen würde. Rita musste ihm beibringen, dass sie Raum für sich brauchte. Sie konnte nicht ständig eine Fußfessel mit sich herumschleppen.

Rita lernte schnell, und Bernd zum Glück auch. Vielleicht half dabei die Tatsache, dass Rita im siebten Monat schwanger war und erkannt hatte, dass sie in nur wenigen Monaten mit der Geburt und dem Versorgen eines zweiten Kindes zusätzlichen Stress haben würde. Ihr Besuch war darum perfekt getimt. Schon ehe sie Bernd mit zur ersten Sprechstunde gebracht hatte, hatte sie beschlossen, sich nicht länger zum Sklaven ihres Vierjährigen zu machen. Sie wusste, dass sich etwas ändern musste.

Natürlich ging die Sache nicht ohne Kämpfe ab. Doch als Mama Bernd ein paar Regeln setzte und sich dann auch selbst daran hielt, gab er schließlich nach. Bis das Baby geboren wurde, hatte sich sein Verhalten sehr gebessert. Der Schlüssel zu Ritas Erfolg lag darin, dass sie nicht mehr länger das Publikum für ihn spielte. Wir werden beim Umgang mit dem machthungrigen Kind dasselbe Prinzip beobachten können. Der Grundgedanke ist, dem Kind auf alle möglichen Arten zu sagen: «Ich freue mich wirklich, dass du da bist, und ich bin gern mit dir zusammen und rede mit dir. Aber was ich nicht vertrage, das ist dieses ständige Gejammer und Geklammer und dass ich dich immer auf den Arm nehmen und halten soll. Dann musst du in dein Zimmer gehen, damit Mama auch einmal allein ist.»

Achten Sie dabei bitte auf das Grundprinzip, das ich Rita empfahl. Um Stress mit Bernd zu vermeiden, musste sie zum Ausgangspunkt zurückkehren, und der heißt: «Prioritäten setzen.» Ihre oberste Priorität konnte nicht der kleine Bernd sein und dass er über ihr Leben bestimmte und sich buchstäblich an sie hängte oder sich in ihre Rippen bohrte, egal, wo sie auch hinging. Sie musste erkennen, dass er es um ihretwillen und um seinetwillen lernen musste, sie ein Stück weit loszulassen, und dass sie auch Zeit für sich selbst brauchte.

Vera lebt für ihren Bruder

Kinder, die Aufmerksamkeit heischen, indem sie die Fürsorglichen spielen, kann man schon früh erkennen. Eine meiner Klientinnen war Vera, vier Jahre alt und so ziemlich das süßeste kleine Mädchen, das man sich vorstellen kann. Sie hatte einen kleinen Bruder, Billy, drei Jahre alt. Wo Billy auch hinging, ging Vera mit. Den Arm um ihn gelegt, führte sie ihn durchs Leben. Sie holte ihm alles, was er wollte, und sie sprach für ihn. Wenn ich versuchte, Billy etwas zu fragen, kam die Antwort von Vera.

Vera war das typische Beispiel für eine Erstgeborene, die als Herrscherin und Fürsorgerin aufwächst. Oberflächlich betrachtet war sie die gewissenhafte, umsichtige große Schwester, aber es dauerte nicht lange, bis ich ein Problem entdeckte: Vera bestimmte praktisch über Billys Leben, und die Eltern hatten es nicht einmal bemerkt.

Der Grund, warum Vera und Billy zu mir kamen, waren Kommunikationsschwierigkeiten in der Ehe ihrer Eltern. Nachdem wir die geklärt hatten, beschlossen die Eltern, mir auch ihre Kinder anzuvertrauen, vor allem den drei Jahre alten Billy, der immer noch Windeln brauchte und überhaupt in seiner Entwicklung zurückgeblieben zu sein schien – zum Beispiel in seiner sprachlichen Entwicklung.

Kein Wunder, dass Billy nicht redete. Seine große Schwester übernahm das ja für ihn! Sie bevormundete ihn – buchstäblich und im übertragenen Sinne. Ich half Veras Eltern zu erkennen, dass sie dafür sorgen mussten, dass Billy Luft zum Atmen bekam. Vera würde ihn zum emotionalen Krüppel machen, wenn sie ihn nie etwas allein tun ließ.

Wir vereinbarten darum, dass sich jeder Elternteil zeitweise allein mit einem der Kinder beschäftigen sollte. Mama sollte zum Beispiel dann und wann mit Vera etwas Besonderes unternehmen, mit ihr zum Essen ausgehen oder einen Besuch im Zoo machen, und Papa mit Billy.

Wir entwarfen auch Spielregeln für die Zeiten, in denen die Familie zusammen war. Mama und Papa lernten es, Vera in Liebe in die Schranken zu weisen, damit ihr Bruder auch einmal selbst etwas entscheiden, als erster an die Reihe kommen und für sich selber reden konnte.

Das neue Arrangement war nicht nur für Billy eine Hilfe, sondern minderte auch für Mama und Papa den Stress in einem beträchtlichen Maß. Vera hatte nämlich nicht nur Billy bevormundet, sondern auch die Eltern manipuliert. Sie hatten zwar gespürt, dass irgendetwas nicht stimmte, hatten aber nicht genau den Finger auf die wunde Stelle legen können.

«Ihr Problem ist, dass beide Kinder im Mittelpunkt stehen», erklärte ich. «Alles dreht sich um Vera und Billy, und Sie nehmen sich keine Zeit, etwas für sich selbst zu tun. In einer Familie sollten die Kinder an zweiter Stelle kommen und nicht an erster. Das Wichtigste ist Ihre Ehe.»

Mama und Papa hatten verstanden. Sie erkannten, dass sie mit ihrer Haltung, die Kinder an die erste Stelle zu setzen, nicht nur den Machtspielchen ihrer Herrscherin Vera Tür und Tor geöffnet hatten, sondern sich auch den Launen von Billy ausgeliefert hatten, der «langsam» war, um so seinen Teil der Aufmerksamkeit zu erhalten. Sie hielten nach einem Babysitter Ausschau und machten es sich zur Regel, mindestens einen Abend in der Woche miteinander auszugehen. Sie genossen das sehr, nachdem sie erst einmal gemerkt hatten, dass die beiden Kinder auch gut ein paar Stunden ohne die Eltern auskommen konnten.

Noch einmal: Von Natur aus wollen alle Kinder Aufmerksamkeit. Problematisch wird es, wenn die kleinen Bernds sich anklammern und ihre Mutter nicht loslassen wollen; wenn die kleinen Veras ihre Umgebung beherrschen und den Chef spielen wollen; und wenn die kleinen Billys unselbständig bleiben und es lernen müssen, «auf eigenen Füßen zu stehen» und eigene Entscheidungen zu treffen.

Zwischen dem Kind, das Aufmerksamkeit sucht, und dem machthungrigen Kind besteht ein kleiner, aber feiner Unterschied. Ich habe bereits darauf hingewiesen, wie Sie erkennen können, ob die Linie überschritten wurde.

Klein-Melissa versucht es mit Wutanfällen

Als die Eltern die kleine Melissa zu mir brachten, beschrieben sie ihre Tochter als «sehr sensibel». Ja, in den vier Jahren ihres bisherigen Lebens war sie so sensibel gewesen, dass ihre Eltern sie nie allein lassen konnten.

«Sie meinen, Sie können sie nicht bei einem Babysitter lassen, wenn Sie am Abend ausgehen wollen?», fragte ich.

«Nein. Und wenn meine Frau einkaufen will und ich zu Hause bin, wird Melissa unter Umständen hysterisch, weil sie mit ihrer Mutter gehen will und nicht darf.»

«Was macht Melissa denn, wenn Mama sie nicht zum Einkaufen mitnimmt und sie bei Ihnen zu Hause bleiben muss?», fragte ich. Ich war mir schon ziemlich sicher, dass wir es hier mit einem machthungrigen Kind zu tun hatten, aber ich wollte es vom Vater selbst hören.

«Nun, man könnte es wohl einen Wutanfall nennen. Erst jammert sie, dann fängt sie an zu schreien und schließlich beißt und tritt sie.»

«Nun, ich würde das Verhalten eher als ‹Machtanfall› bezeichnen», sagte ich. «Was tun Sie, wenn sie sich so aufführt?»

An diesem Punkt schaltete sich Melissas Mutter ein. «Wir haben versucht, vernünftig mit ihr zu reden, aber in der letzten Zeit wissen wir uns nicht mehr zu helfen, und sie bekommt Schläge, wenn sie sich auf dem Boden wälzt, oder wir schreien sie an, sie soll sich endlich benehmen.»

«Und wegen dieser Wutanfälle kommen Sie mit Melissa zu mir?»

«Nein, eigentlich nicht», sagte Melissas Vater. «Was uns in letzter Zeit Sorgen macht, ist, dass sie schrecklich zu lügen begonnen hat – wir wissen einfach nicht, was in ihr vorgeht.»

An diesem Punkt wurde ich ziemlich direkt und erklärte Mama und Papa, dass sie es mit einem machthungrigen Kind zu tun hatten. Sie selbst hatten Melissa geholfen, so mächtig zu werden, und nun mussten sie es lernen, ihr wieder etwas von dieser Macht wegzunehmen. Ich habe beobachtet, dass machthungrige Kinder machtbewusste Erwachsene respektieren. Das Problem war, dass Melissas Eltern nicht mit Autorität auf die Wutanfälle ihres Kindes reagierten. Sie begaben sich gewissermaßen auf die Ebene ihres Kindes hinab und reagierten mit eigenen Wutanfällen. Ich empfahl ihnen, bei Melissas nächstem Anfall einfach über das Kind hinwegzusteigen und es schreiend und tretend auf dem Boden liegen zu lassen.

Mama hatte zuerst ihre Zweifel, ob sie das schaffen würde. Papa aber war dafür, es einmal zu versuchen. Eine Gelegenheit bot sich bereits ein paar Tage später. Melissa bekam mitten im Flur einen Trotzanfall, weil Mama zum Einkaufen gehen und Melissa nicht mitnehmen wollte. Die Mutter stieg über Melissa hinweg und ließ sie einfach schreiend im Flur liegen. Papa, der genaue Anweisungen für eine solche Situation erhalten hatte, erhob sich ruhig aus seinem Sessel und sagte, er würde in den Garten gehen und nach den Blumen schauen.

Da lag Melissa nun im Flur und heulte sich die Augen aus und schrie aus vollem Hals, während ihre Mutter zur Haustür und der Vater zur Hintertür hinausgingen. Sie folgte ihrem Vater schließlich in den Garten und versuchte, sein Mitleid zu erregen, indem sie jammerte und heulte. Papa aber ließ sich nicht erweichen und pflanzte seelenruhig weiter seine Petunien um.

Was meinen Sie, wie oft Melissas Eltern diese Methode anwenden mussten, bis sie erste Ergebnisse sahen? Melissas Wutanfälle hörten fast umgehend auf. Warum? Weil sie kein Publikum mehr hatte. Es machte sich nicht mehr bezahlt. Wenn ich mich recht erinnere, waren nur zwei solcher Vorfälle nötig, um ein Verhaltensmuster zu durchbrechen, mit dem Melissa fast von der Wiege an ihre Eltern in Schach gehalten hatte. Schon kleine Kinder haben einen siebten Sinn dafür, wie sie ihre Eltern manipulieren können, und Melissa hatte es darin fast zur Vollkommenheit gebracht.

Sie war ungeheuer mächtig geworden und hatte sich daran gewöhnt, dass Papa sich zu ihr setzte, wenn sie ausrastete, weil Mama ging. Sie war es gewohnt, dass er sagte: «Nun beruhige dich doch bitte, Kleines! Die Mama kommt gleich zurück, und vielleicht bringt sie dir sogar was Schönes mit.» Und wenn Papa ohne sie wegging, probierte sie dasselbe Spiel bei ihrer Mutter aus.

Natürlich zeigten die Beschwichtigungsversuche überhaupt keine Wirkung. Wenn Mama beziehungsweise Papa ihr tatsächlich eine Kleinigkeit aus dem Laden mitbrachte, war das für Melissa nur eine Bestätigung und belohnte sie praktisch für ihre Anfälle. Und wenn die Eltern sie aus lauter Frust schlugen und anschrien, damit sie endlich Ruhe gab, dann zogen sie auch damit eine Niete.

Wirkung zeigte erst, dass sie sich weigerten, Melissas Machtspiele weiter mitzuspielen. Die Erwachsenen begannen sich wie Erwachsene zu verhalten und in Melissa das zu sehen, was sie war – ein vierjähriges Kind, das versuchte, seinen Willen durchzusetzen. Sie hörten auf, in ihr eine Bedrohung und einen Stressfaktor zu sehen, und damit ging der Stresspegel in dieser Familie erheblich nach unten.

Wie man ein machthungriges Kind heranzieht

Der zwölfjährige Lars war eines der machthungrigsten Kinder, die je in meine Praxis kamen. Rein körperlich war er eher klein und unscheinbar, psychisch aber war er «Superman». Dass seine Mutter ihn zu mir brachte, geschah aus purer Verzweiflung.

Ich wusste bereits aus früheren Gesprächen mit ihr, dass er sie beschimpfte und mit schmutzigen Ausdrücken bedachte, wie man sie sonst höchstens in primitivsten Männerzirkeln hört. Lars las auch den *Playboy* und Schlimmeres. Seine Mutter schien nicht die leiseste Ahnung zu haben, wie sie mit ihm umgehen sollte. Zur ersten Beratung war sie allein gekommen und hatte mich an einem bestimmten Punkt des Gesprächs gefragt: «Was meinen Sie, Dr. Leman? Ist es in Ordnung, wenn ein Zwölfjähriger den *Playboy* liest?»

«Was meinen *Sie* denn?», hatte ich erwidert und versucht, meine therapeutische Distanz zu wahren.

«Nun, ich finde es nicht besonders gut, aber so wie es heute zugeht ... Ich weiß wirklich nicht, ob es in Ordnung ist oder nicht.»

Ich verbrachte den Rest jener ersten Sitzung damit, Lars' Mutter klarzumachen, dass Eltern auch heute noch die entscheidende Autorität für ihre Kinder sind, trotz allem, «wie es heute zugeht». Eltern sollten sich nie von einer Neuen Moral, einer Neuen Welle oder einem New Age einschüchtern lassen. Eines der größten Probleme dieser Mutter war, dass sie von ihrem Mann keine Hilfe erwarten konnte. Kindererziehung war für ihn schon immer Frauensache gewesen. Ich sagte, das müssten wir wohl vorerst akzeptieren und zunächst einmal sehen, was wir mit Lars anstellen könnten. Sie solle ihn doch beim nächsten Mal mitbringen.

Zwischen Lars und mir klappte es nicht auf Anhieb. Als ich mich von seiner Wortwahl nicht schockieren und einschüchtern ließ, stand er einfach auf und marschierte aus der Praxis zum Parkplatz. Seine Mutter rannte hinter ihm her. Ich folgte ihnen. Neben dem Auto diskutierten Lars und seine Mutter heftig.

Ich schaltete mich ein und stellte Lars vor die Entscheidung: «Hör zu, du kannst hier draußen bleiben und das Gespräch abbrechen, aber dann musst du die Stunde von deinem eigenen Taschengeld bezahlen.»

Damit ging ich ein gewisses Risiko ein, denn erstens hatte ich mich nicht mit seiner Mutter abgesprochen und zweitens wusste ich nicht einmal, ob er überhaupt eigenes Geld hatte. In beiderlei Hinsicht hatte ich Glück. Ich hatte mit seiner Mutter schon so ausführlich geredet, dass sie genug Vertrauen zu mir hatte und bereit war, das Spiel mitzumachen. Und als er zu ihr hinübersah, wie um sich zu vergewissern: «Ist das wahr? Muss ich selbst zahlen?», da nickte sie entschlossen. Außerdem hatte Lars ein Sparkonto, auf dem sich etwa die Summe befand, die er für die Beratungsstunde hätte bezahlen müssen.

Das brachte die Entscheidung. Lars war nicht bereit, irgendeinem blöden Psychologen sein kostbares Vermögen in den Rachen zu werfen. Er gab nach und kam wieder ins Haus. Es dauerte allerdings mehrere Sitzungen, bis sich der geringste Fortschritt abzeichnete. Im Gespräch mit Lars und seiner Mutter – gemeinsam und getrennt – erhielt ich eine klassische Lektion darin, wie man ein machtbesessenes Kind heranzieht. Man nehme einen passiven Vater, der sich nie um seinen Sohn und die anderen Kinder kümmert. Dazu eine Mutter, die es allen recht machen will und möglichst «tolerant» erzieht. Dann erhält man die maßgeschneiderte Situation für einen machthungrigen kleinen Jungen, der praktisch von Beginn an spürt, dass er bestimmen kann.

Mit achtzehn Monaten wollte Lars mittags nicht mehr schlafen und schrie und machte Theater, bis seine Mutter sich mit ihm zusammen auf den Teppich legte, wo er dann auch einschlief, allerdings mit den Fingern in ihrem Haar (damit sie nicht einfach aufstehen und weggehen konnte). Wenn sie davonzuschleichen versuchte, nachdem er eingeschlafen war, wachte er normalerweise auf und begann wieder zu schreien. Außerdem weigerte er sich, in seinem Bett zu schlafen, und schlief stattdessen auf dem Boden, der Couch oder sonst wo, nur nicht da, wo Mutter es wollte.

So hatte er mit achtzehn Monaten schon das Sagen, und von da an ging es bergab. Mit zwölf war er wirklich ein kleiner Tyrann, und seine Mutter stand kurz davor durchzudrehen.

Ich kann nicht behaupten, dass wir bei Lars irgendwelche Wunder bewirkten, aber seiner Mutter wurde entscheidend geholfen. Sie räumte ein, dass sie zu viele Erziehungsbücher vom Typ «Gehen Sie auf Ihr Kind ein und tun Sie seiner zarten Seele nicht weh» gelesen hatte. Während der gesamten Therapie, die acht Monate dauerte, lernte Lars' Mutter, wie sie mit Hilfe einiger Methoden von *Reality Discipline* ihren mächtigen Sohn etwas im Zaum halten konnte. Wie ich in Kapitel 7 genauer erklären werde, geht es bei *Reality Discipline* im Grunde einfach darum, das Kind die Verantwortung für sein Verhalten spüren zu lassen und es für das, was es tut und sagt, zur Rechenschaft zu ziehen. Als ich Lars auf dem Parkplatz vor die Wahl stellte, wieder hereinzukommen und die Therapie fortzusetzen oder die Stunde aus seiner eigenen Tasche zu bezahlen, wandte ich einen Grundsatz der *Reality Discipline* an.

In der Zeit, in der ich Lars therapierte, hatte ich dann noch einmal das zweifelhafte Vergnügen, *Reality Discipline* ganz konkret anzuwenden. Lars war damals in der sechsten Klasse, und seine Noten waren im Verlauf des Schuljahres immer schlechter geworden. Er hatte die Schule «abgehakt» und war nicht bereit, sich ein- und unterzuordnen. Überhaupt hatte er Mühe mit allen Autoritätspersonen. Als sich das Schuljahr dem Ende zuneigte, riet ich seiner Mutter, Lars nicht versetzen zu lassen, auch wenn in den meisten Schulen versucht wird, solche Schüler weiter mitzuschleppen, damit sie «im vertrauten Umfeld» bleiben können.

«Der schlechteste Dienst, den Sie Lars jetzt erweisen könnten, wäre, ihn in die siebte Klasse versetzen zu lassen», sagte ich ihr. «Wenn Sie sich von den Lehrern überreden lassen, in dieser Situation weich zu werden und ‹Mitleid mit dem armen Kerl› zu haben, kann ich Ihnen nur viel Glück wünschen. Sie sind die Mutter, und Sie haben das Recht, darauf zu bestehen, dass er nicht versetzt wird.»

Lars' Mutter beschloss tatsächlich, ihn die Klasse wiederholen zu lassen, hatte aber nicht die Nerven, ihm das selbst beizubringen. Ich war der Glückliche, der ihm das während der nächsten Sitzung verklickern durfte. Und da saß nun dieses Powerkind und starrte mich mit hasserfüllten Augen an. Als er die Neuigkeit erfuhr, füllten sich diese Augen dann doch mit Tränen. Interessanterweise war dies ein weiterer Wendepunkt – ja, ein regelrechter Durchbruch. Eines muss man machthungrigen Kindern nämlich lassen: Sie respektieren Macht. Lars war nicht bereit gewesen, in der Schule seiner Verantwortung gerecht zu werden, und nun musste er den Preis dafür zahlen. Das vergaß er nicht, und wenn er auch kein Musterknabe wurde, lernte er doch, in normalem Ton mit seiner Mutter und den Geschwistern umzugehen; und er fing sogar an, manchmal die Hausaufgaben zu machen!

Wie Sie sehen, gibt es alle möglichen Arten und Abstufungen von Aufmerksamkeit heischendem oder machthungrigem Verhalten bei Kindern. Wo machthungriges Verhalten völlig außer Kontrolle gerät, da kann es zu «Rachsucht» kommen. In den nächsten Fallstudien sehen wir ein Kind irgendwo an der Grenze zwischen machthungrig und rachsüchtig. Und wir lernen einen Teenager kennen, der die Grenze überschritten hat, um sich an seinem Vater zu rächen.

Jimmy zertrümmerte mehr als nur die Möbel

Der zehnjährige Jimmy ist nie bei mir in der Praxis gewesen. Gehört habe ich von ihm durch einen Brief, den seine Mutter mir nach Lektüre eines meiner Erziehungsbücher schrieb. Sie habe viel aus dem Buch gelernt, berichtete sie, aber eine Frage hätte ich leider nicht behandelt: «Wie geht man mit einem Zehnjährigen um, der es sich angewöhnt hat, Möbel zu beschädigen oder zu zertrümmern und seinen beiden kleinen Brüdern beibringt, dasselbe zu machen?»

Dem Brief zufolge war Jimmy gescheit, kreativ und einfallsreich. In der Schule habe er immer zu den Besten gehört. Doch schon als Kleinkind hatte er damit begonnen, im Haus seinen Zerstörungstrieb auszuleben. Seine Eltern hatten alles probiert, von Appellen an die Vernunft und höflichen Bitten bis hin zu Schlägen und Arrest, und er hatte auch schon hundertmal den Satz schreiben müssen: «Ich werde keine Möbel mehr kaputt machen!»

Aber es half alles nichts. Jimmy hatte nicht nur weiterhin seine gelegentlichen destruktiven Ausbrüche, sondern er brachte auch seinen beiden kleinen Brüdern bei, sich so zu verhalten, und alle drei lernten sehr geschickt zu lügen und einander zu decken.

In meiner Antwort hakte ich bei der Bemerkung von Jimmys Mutter ein, sie hätten schon «alles probiert». Meines Erachtens sei es ganz wichtig, dass sie konsequent eine Form der *Reality Discipline* durchziehen würden, die Jimmy (und seine Brüder) wirklich beeindrucken und für ihr Verhalten verantwortlich machen würde. Ich hegte den starken Verdacht, dass diese Mutter es wohl mit den verschiedensten Arten von Strafen probiert hatte, aber keine langfristige Strategie verfolgte, um ihre Söhne bestimmt, aber liebevoll die Folgen ihres Handelns tragen zu lassen.

Im Fall von Jimmy fragte ich mich öfter, ob er sich nicht – und zwar sehr früh – in dem Stadium befand, wo er sich von einem machthungrigen zu einem rachsüchtigen Kind entwickelte. Wenn ein Kind mit zehn Jahren ständig Möbel beschädigt oder zerschlägt, dann gibt es irgendwo ungelöste Probleme. Darum war ich der Meinung, dass Jimmy professionelle Hilfe brauchte, und drängte seine Mutter, in ihrer Stadt danach zu suchen.

Laura zahlt es ihrem Vater heim

Die fünfzehnjährige Laura war nicht verheiratet, aber im achten Monat schwanger, als ihre Mutter sie zu mir brachte. Ihre ersten Worte waren: «Ich werde mein Baby behalten und lasse mir das von niemandem ausreden. Ich hoffe, Sie wollen mich nicht davon abbringen, Herr Doktor, sonst haue ich sofort wieder ab.»

Ich erklärte ihr, dass es nicht meine Aufgabe sei, ihr vorzuschreiben, was sie tun sollte, sondern herauszufinden, wo sie stand und was sie mit ihrem Leben machen wollte. Schon bald erfuhr ich, dass Lauras Eltern wollten, dass sie das Kind zur Adoption freigab. Laura aber war entschlossen, es zu behalten.

Es war ein klassischer Machtkampf. Laura war mehr als ein machtbewusstes Kind. Sie wollte sich rächen – und zwar vor allem an ihrem Vater.

Lauras Vater hatte sich vom Tag ihrer Geburt an aus ihrem Leben herausgehalten. Für die Kinder war seiner Überzeugung nach die Frau da, und darum überließ er sie auch von A bis Z seiner Frau. Sie versorgte die Kinder, erzog sie, schickte sie in die Schule, ging mit ihnen in die Kirche, sah sich ihre Spiele und Theatervorstellungen an, während Vater seinem Beruf nachging und die übrige Zeit vor dem Fernseher verbrachte.

Ich habe bereits erwähnt, wie wichtig für Mädchen die Beziehung zum Vater ist und was passieren kann, wenn in dieser Beziehung etwas nicht stimmt. In Lauras Fall gab es überhaupt keine Beziehung. Als ich mit ihr sprach, kam alles heraus – die Kränkung, die Bitterkeit, der Schmerz. An einem Punkt fragte ich sie: «Erzähl mir doch mal, womit du deinen Vater so richtig fertig machen könntest!

Wenn du nur einzige Gelegenheit hättest – auf welche Weise würdest du dich an ihm rächen?»

Laura sah auf ihren gewölbten Bauch hinunter und hob dann mit einem kaum merklichen Lächeln den Blick und schaute mich an. «Nun, ich hab's doch ziemlich gut getroffen, finden Sie nicht?»

Laura war wie viele Teenager, die zu mir kommen: Sie lassen sich mit den verschiedensten Jungen ein und werden schwanger – nur um es «Vater heimzuzahlen». Sie rächen sich so für die Kränkungen und das Unrecht, das man ihnen angetan hat. Bei Laura kam noch etwas zum Rachewunsch hinzu: Sie wollte Aufmerksamkeit und «Liebe» von jungen Männern als Ersatz für die Liebe, die ihr Vater ihr nicht gab.

Die Teenagerjahre sind im allgemeinen die Zeit, in denen sich rachsüchtige Gefühle in einem Kind aufstauen. Unsere Gefängnisse sind voll von Menschen, die es irgendjemandem heimzahlen wollten, zunächst vermutlich den eigenen Eltern und dann der Gesellschaft. Wer sich mit Gefängnisinsassen unterhält, der wird immer wieder feststellen, dass es in ihrem Familienleben an irgendeinem entscheidenden Punkt haperte. Ihre Eltern hielten sich an eine Art oder alle drei Arten von Erziehungsstilen, die leicht dazu führen können, dass ein Kind machthungrig oder rachsüchtig wird. Diese drei Erziehungsstile sind:

a) der autoritäre Stil

b) der permissive, nachsichtige Stil

c) der vernachlässigende Stil

Der *autoritäre Stil* ist schnell zur Hand mit der «Rute» und strafenden Worten, aber sehr zurückhaltend mit Lob und Zärtlichkeit. Typische Bemerkungen von autoritären Eltern, die in meiner Praxis auftauchen, weil sie nicht mehr wissen, was sie mit ihren «unverbesserlichen» Kindern anfangen sollen, lauten:

«Ich weiß am besten, was gut für sie ist. Aber sie will einfach nicht auf mich hören.»

«Er sollte sich besser fügen. Solange er seine Beine unter meinen Tisch streckt, bestimme ich, wo es langgeht.»

Der *permissive, nachsichtige Stil* verfällt ins andere Extrem und ist schnell mit dem zur Hand, was Eltern unter «Liebe» verstehen, aber sehr zurückhaltend, was klare Abmachungen und feste Prinzipien betrifft. Typische Bemerkungen nachsichtiger Eltern lauten etwa:

«Nun, die Liebe zu meinen Kindern ist mir das Wichtigste – wenn ich ihnen nur genug zeige, dass ich sie gern habe, dann wird schon alles gut werden.»

«Ich versuche meinem Kind alles zu geben, was es braucht und wünscht und sich ersehnt. Dafür sind wir Eltern ja schließlich da.»

Vernachlässigung ist ein dritter Stil, der allerdings nicht ganz so häufig anzutreffen ist wie der autoritäre und der permissive Erziehungsstil. Nachlässige Eltern kümmern sich am liebsten überhaupt nicht um ihre Kinder. Ich bin schon auf verschiedene Fälle zu sprechen gekommen, wo der Vater die Familie vernachlässigte, auch wenn er nach außen den Anschein erweckte, er opfere sich mit seinen vielen Überstunden «für die Familie» auf. Es gibt aber noch Schlimmeres, wenn nämlich die Eltern buchstäblich «nicht da sind» und die Kinder völlig sich selbst überlassen. Eltern, die ihre Kinder in einem solchen Ausmaß vernachlässigen, haben die besten Aussichten, in ihrem Nachwuchs Rachegefühle heranzuzüchten. Viele Insassen unserer Strafanstalten wurden von ihren Eltern vernachlässigt.

Was ist die richtige Lösung? Welcher Erziehungsstil ist angemessen und prägt Kinder so, dass sie geben können, anstatt nur zu nehmen und zu fordern? Dass sie pflicht- und verantwortungsbewusst sind und nicht rebellisch und machthungrig?

Ich denke, es ist wichtig, einen Erziehungsstil zu entwickeln, der freundlich und von Liebe geprägt, gleichzeitig aber fest und bestimmt ist. Wie können wir das Gleichgewicht zwischen diesen beiden Polen halten, wenn der Stress sich anhäuft wie die schmutzige Wäsche? Nun, ich denke, mit einer Methode, die ich schon mehrfach erwähnt habe und die wir jetzt etwas genauer ansehen wollen, haben wir hierbei gute Chancen: Wenn es einen wirksamen Weg gibt, um bei der Kindererziehung Stress zu vermeiden, dann ist es die *Reality Discipline*. Wer ihre Prinzipien lernt und anwendet, der kann seine Kinder zu verantwortungsbewussten Menschen erziehen. Im folgenden Kapitel zeige ich auf, wie das funktioniert.

Kapitel 7

Erziehen Sie Ihre Kinder zum Nehmen oder zum Geben?

«Halt mal, wer sagt denn hier, wo's lang geht? Wer hat hier überhaupt das Sagen?»

Fast täglich erhalte ich Briefe wie diesen:

> Als Timo zur Welt kam, waren wir seit drei Jahren verheiratet. Mein Mann und ich waren beide sechsundzwanzig Jahre alt, und wir meinten beide, wir wären jetzt bereit, Eltern zu werden. Wenn ich heute daran zurückdenke, wie blauäugig wir das Ganze angegangen sind, dann muss ich lachen. In den letzten drei Jahren habe ich nur versucht, mit all den Veränderungen fertig zu werden, die Timo mit sich gebracht hat (und manchmal kommt es mir vor wie ein Kampf gegen Windmühlen). Ich ertappe mich dabei, wie ich zu mir selbst sage: ‹Halt mal, wer sagt denn hier, wo's lang geht? Wer hat hier das Sagen? Oje, schon wieder eine neue Phase! Sind das immer noch die Zähne? O Gott, hilf mir!›

Probleme bei der Kindererziehung sind nichts Neues. Es gibt sie, seit Adam und Eva versuchten, mit Kain und Abel zurechtzukommen. Durch die Jahrhunderte hinweg haben Eltern es mit Bitten und Flehen, mit Nachsicht und mit Strafe versucht. Sie haben Vorschriften und Vorhaltungen gemacht und sind verzweifelt.

Wie eine Frau es sagte: «Ich war doch mal eine gute Mutter – was ist nur passiert?»

Es ist sicher kein Zufall, dass meine Bücher, die sich am besten verkaufen, sich alle um die Frage drehen, wie Sie selbst normal bleiben können, obwohl Ihre Kinder anderes mit Ihnen im Sinn haben.

Auf die *Reality Discipline* werde ich ein paar Seiten weiter noch näher eingehen. Zunächst aber müssen wir verstehen, warum Kinder eine solche Stressquelle sind und was Eltern dagegen tun können. Ein Selbstschutz besteht darin, gar keine Kinder zu bekommen. Eine interessante – und entmutigende – Statistik, die von Fachleuten immer wieder zitiert wird, besagt, dass 25 bis 40 Prozent der in den Sechzigerjahren geborenen Frauen kinderlos bleiben werden. Einige verzichten um ihrer Karriere willen auf Kinder. Andere fürchten sich davor, im Atomzeitalter Kinder großzuziehen. Ich vermute allerdings, dass viele einfach finden: «Kinder? Nein, der Aufwand ist mir zu groß.» Sie haben gesehen, wie sich ihre eigenen Eltern abgerackert haben, und vielleicht haben sie auch Freunde mit Kindern. Und sie schließen aus ihren Erfahrungen und Beobachtungen: Elternschaft schließt automatisch und unumgänglich ein Abonnement für anhaltenden, chronischen Stress ein.

Ein anderes verbreitetes Phänomen ist das, was die Zeitung *USA Today* die «am schnellsten wachsende Bevölkerungsgruppe» nennt – berufstätige Frauen, die mit dem

Kinderkriegen warten, bis sie weit über Dreißig sind. Die gute Nachricht für diese Frauen lautet, dass sie, wenn sie dann eine Familie gründen, meist reifer sind und besser gelernt haben, mit Frustrationen umzugehen. Die schlechte Nachricht ist, dass sie nicht mehr soviel Energie haben und in ihrem Denken vermutlich schon etwas festgefahren sind, was sie im Umgang mit den Unannehmlichkeiten der Mutterschaft ungeduldiger werden lässt.

Eltern fordern zu früh zu viel

Ein Grund, warum Kinder zur Stressquelle werden, sind die übertriebenen Erwartungen ihrer Eltern. Mama und Papa hegen die großartigsten Pläne für ihre hoffnungsvollen Sprösslinge. Und oft erwarten sie, dass ihre Kinder «genauso werden wie sie». (In der Beratung stelle ich allerdings häufig fest, dass Eltern gerade mit den Kindern, die ihnen am ähnlichsten sind, am wenigsten zurechtkommen.)

Die Erwartungen aber sind da und nehmen zu. Kaum stößt Klein-Philipp seinen ersten Schrei aus, malen sich seine Eltern auch schon aus, was für ein mitreißender Redner er einmal werden wird und dass er sowieso ganz anders sein wird als alle anderen Kinder. Ihre Erwartungen an Philipp verleiten sie dazu, den Kleinen viel zu schnell in eine bestimmte Richtung zu treiben. Und damit setzen sie nicht nur sich selbst unter Stress, sondern auch ihren Sohn.

Ja, die psychologische Forschung bestätigt inzwischen, dass Menschen wie Philipp und seine Mutter einen beträchtlichen Anteil der Stresskranken ausmachen.

Carl Thoresen, Professor für Psychologie und Erziehung an der Stanford-Universität, glaubt, dass 25 bis 30

Prozent der Kinder «unter Beschuss stehen». Seine Untersuchungen haben gezeigt, dass unter starkem Stress stehende Kinder auch weit mehr der chronischen Stresssymptome aufweisen wie Kopfschmerzen, Halsschmerzen, Magenprobleme, Schlafstörungen, Verspannungen in Nacken und Kopf, trockener Mund, feuchte Hände.

Dieselbe Studie berichtet auch von vielen Frauen mit Schlafstörungen, sexuellen Störungen, wachsender Wut und dem quälenden Gefühl, nie fertig zu werden.

Sind es die Kinder, die bei der Mutter für Stress sorgen, oder verursacht die Mutter Stress bei den Kindern, indem sie zu viel von ihnen und von sich selbst erwartet? Vermutlich ist es ein bisschen – oder auch viel – von beidem.

Ich empfehle allen Eltern, die zu mir kommen, das Buch des amerikanischen Kinderpsychologen David Elkind *The Hurried Child* (deutscher Titel: *Das gehetzte Kind*) mit dem sehr treffenden Untertitel «Wenn Kinder zu früh zu schnell wachsen». Elkind beschäftigt sich seit mehr als einem halben Jahrhundert mit Kindern und meint, das Hauptmerkmal der letzten zwanzig Jahre sei der subtile (und der weniger subtile) Leistungsdruck, unter den Eltern ihre Kinder setzen.

Elkind hat den Ausschlag des Pendels miterlebt – vom verwöhnten Kind, dem Ergebnis der nachsichtigen Fünfziger- und Sechzigerjahre, zum gehetzten und gestressten Kind, das nun zu schnell erwachsen werden soll und «schon in frühen Jahren zu vielen verschiedenen Leistungen angetrieben und Erfahrungen ausgesetzt wird, die seine Anpassungsfähigkeit überstrapazieren».

Er glaubt, dass «das gehetzte Kind von der Angst vor dem Versagen – der Angst, nicht schnell genug genügend zu leisten – genauso unter Stress gesetzt wird, wie das verwöhnte Kind von der Angst vor der eigenen Stärke gestresst wurde».

Ich kann Elkind nur zustimmen, wenn er anprangert, dass Kinder wie kleine Erwachsene gekleidet und genauso behandelt werden. Ich erlebe heute Mütter, die bereits ihre Zweijährigen in die Gymnastikgruppe schicken. Sechs Monate alte Babys tragen Designerklamotten. Kürzlich hörte ich von acht Monate alten Babys, denen ihre Mütter Lernkärtchen vorhalten, damit sie schneller lesen lernen!

Dieser Druck von der Wiege an führt zu einem riesigen Paradoxon. Eltern schütteln den Kopf über Grundschüler, die schon mit acht oder neun wie Teenager reden und sich auch wie solche verhalten. Aber was erwarten sie eigentlich? Sie haben ihre Kinder schließlich vom Säuglingsalter an geschubst, sich mit Dingen zu beschäftigen und auseinander zu setzen, die ihrem Alter noch gar nicht angemessen waren.

Das Alter von etwa acht bis neun Jahren ist so etwas wie ein Meilenstein, an dem bei den meisten Kindern deutliche Veränderungen beobachtet werden können. Ich nenne diese Veränderungen die «mentale/emotionale Pubertät». Jetzt werden die Gleichaltrigen ganz wichtig. Die Acht- und Neunjährigen achten auf einmal darauf, was andere haben – an bestimmten Dingen, an Geld oder Status.

Eine Mutter erzählte, sie habe gemerkt, wie ihr neunjähriger Sohn immer tiefer in seinem Sitz versank, wenn sie mit ihrem Plymouth Baujahr 1971 vor seiner Schule vorfuhren. «Was ist los? Ist dir nicht gut?», fragte sie. Fast verzweifelt erwiderte Klein-Stefan: «Mama, ich will nicht, dass man mich in diesem Auto sieht ... Es hat nicht mal Weißwandreifen. Und es hat vier Türen!»

Und da ist die Mutter, deren Tochter sagte: «Willst du diese Bluse wirklich draußen tragen, wo dich alle Leute sehen können?»

Ihr Teenager hat mit schwerem Stress zu kämpfen

Man sollte meinen, dank all dieses Drängens und Schiebens, mehr zu leisten und schneller zu wachsen, wären die Kinder gut auf die stressigsten Phasen vorbereitet – die Mittel- und die Oberstufe. Leider gilt aber für viele genau das Gegenteil. Ich sage den Eltern meist ganz offen: Hoffentlich beherrscht Ihr Kind irgendetwas wirklich gut, wenn es ins Teenageralter kommt. Sonst wird es dem Druck und den Versuchungen des Lebens nur schwer standhalten können.

Ich will damit nicht sagen, dass das Kind ein Genie oder eine Schönheit sein, einen phantastischen Notendurchschnitt oder den Körper eines Athleten haben muss. Wenn ich sage, es sollte «irgendetwas gut beherrschen», meine ich, der Teenager sollte über ein gesundes Selbstwertgefühl verfügen, weil er etwas geschafft hat, zu einer Gruppe gehört, auf die er stolz ist, und so weiter. Das kann bedeuten, dass er zu einem Sportteam gehört oder zum Beispiel in einem Orchester Flöte spielt. Dass er viele Freunde hat oder einen kleinen Job, mit dem er sich das Geld für Kleider und Extras selbst verdient. Der Schlüssel zur Selbstachtung liegt darin, dass ein Teenager sich geliebt und angenommen weiß und Vertrauen in die eigenen Fähigkeiten hat.

Eine der tiefstgreifenden Veränderungen beginnt mit dem Eintritt ins Teenageralter. Ich meine natürlich die Pubertät, bei der die biologische Uhr eine wahre Flut von neuen Trieben, Wünschen und Bedürfnissen im Jugendlichen in Gang setzt.

Da ist die dreizehnjährige Tochter, die (mit Zahnklammer und allem) vor dem Spiegel steht und die verschiedensten Posen ausprobiert, sich hin und her dreht, den Kopf wiegt und ihr Haar in die «richtige» Form bringt. Und sie unterscheidet sich dabei in nichts von Millionen anderer Dreizehnjähriger, die zusammengerechnet ganze Jahrhunderte mit Kamm und anderen Schönheitsutensilien vor dem Spiegel verbringen.

Der Wunsch, gut auszusehen, um das andere Geschlecht anzuziehen, ist an sich unschuldig und gesund. Schlimm wird es allerdings, wenn ein Teenager zu schnell und zu früh «sexuelle Erfahrungen» sammelt. Wer schon einmal einem vierzehnjährigen Mädchen gegenübergesessen hat, dessen Körper während der monatlichen Periode voller juckender Herpesbläschen ist, der weiß, was Verzweiflung ist. Oder ich denke an das Mädchen im Teenageralter, das vor einiger Zeit zu mir in die Therapie kam. Ihre erste sexuelle Erfahrung hatte sie mit zwölf Jahren im Haus eines Freundes gemacht, in der Waschküche, während seine Eltern sich in einem anderen Raum aufhielten.

Lernen Ihre Kinder zu nehmen oder zu geben?

Eine Frage, die ich Eltern regelmäßig stelle, lautet: «Erziehen Sie Ihre Kinder zum Geben oder zum Nehmen?» Bei der herrschenden Tendenz, Kinder zu früh in eine Erwachsenenrolle zu drängen, lernen sie viel leichter, für sich selbst zu sammeln, in Anspruch zu nehmen und zu fordern, anstatt zu dienen, zu teilen und auch mal zu verzichten. Und von wem lernen sie das? Von den wichtigsten Vorbildern, die sie im Leben haben – den Eltern.

Zu den berufstätigen Müttern werde ich in den Kapiteln 9 und 10 noch mehr sagen. In unserem Zusammenhang hier will ich nur schon einmal darauf hinweisen, dass die heute gängige Praxis, dass beide Eltern arbeiten, um einen «gewissen Lebensstandard zu halten», mit dazu beiträgt, Kinder unter Druck zu setzen, dass sie schnell erwachsen werden.

In der Beratung frage ich zum Beispiel eine berufstätige Mutter: «Möchten Sie wirklich miterleben, wie Ihre Kinder heranwachsen?»

Die Mutter erwidert: «Wie meinen Sie das? Natürlich sehe ich zu, wie meine Kinder heranwachsen – ich habe zwar nicht viel Zeit, aber ich tue, was ich kann.»

«Ich verstehe», entgegne ich. «Aber es kommt auf die Prioritäten an. Wollen Sie im Leben Ihrer Kinder eine wichtige Rolle spielen? Wollen Sie wissen, was sie denken und fühlen? Oder wollen Sie, dass das jemand anders für Sie übernimmt?»

Solange die Kinder klein sind, ist dieser «andere» ein Babysitter, die Kindergärtnerin, vielleicht die Großmutter. Wenn die Kinder älter werden, übernehmen die Gleichaltrigen diese Rolle. Eltern von Teenagern in der Oberstufe wissen ein Lied davon zu singen, dass der Stress der Erziehung von Kindern im Vor- und Grundschulalter nichts ist im Vergleich zu der Herausforderung, einen Sechzehnjährigen mit einem heißen Moped und noch heißeren Freundinnen und Freunden einigermaßen unter Kontrolle zu behalten.

Die Oberstufe bringt von allen Seiten Druck. Als Stichworte seien Alkohol, Ess-Störungen und Drogen genannt. Dazu kommt die heute überall versteckt oder offen propagierte sexuelle Freizügigkeit. Und für Teenager, die es schaffen, sich von diesen Problemen fernzuhalten, gibt es immer noch die ganz normalen und ganz realen Probleme mit dem Erwachsenwerden. Wie bewahrt man seine Selbstachtung, wenn die Noten schlechter werden, man nicht mehr so beliebt ist und das Leben etwa so attraktiv aussieht wie der neue Pickel, der natürlich ausgerechnet jetzt, vor der großen Party am Samstagabend, auf der Nasenspitze erblüht?

Ich rate allen Eltern von Teenagern zu dem, was auch meine Frau und ich bei allen unseren Kindern bereits mit Überzeugung praktiziert haben: die Freunde der Kinder persönlich kennen zu lernen. Laden Sie sie zu sich nach Hause ein! Stellen Sie genug Essen auf den Tisch, seien Sie freundlich und offen mit allen, und behalten Sie das Ganze gerade so viel im Auge, dass die Kinder jederzeit spüren, dass Sie sich für sie interessieren.

Ein großer Teil meiner Beratung ist ausgelöst durch Situationen, in denen die Eltern nicht da waren, um auf ihre Teenager aufzupassen. Sie hatten sich gewissermaßen aus dem Leben ihrer Sprösslinge verabschiedet, um sich ihrem Beruf und allenfalls ihrem eigenen Freundeskreis zu widmen. Ihre Abwesenheit entschuldigten sie mit der Bemerkung: «Teenager wollen sowieso nichts mehr mit uns Alten zu tun haben.»

Was aber sagt das einem Teenager anderes, als dass er möglichst schnell erwachsen werden und seinen Eltern keine Probleme machen soll? Mit ihrem egoistischen Verhalten bringen die Eltern den Kindern bei, dass sie nehmen und nicht geben sollen! Wenn Kinder ihren Eltern oft alle möglichen Probleme machen, dann hat das keine mysteriösen Gründe. Es ist vielmehr, als wollten sie sagen: «Ihr habt mich dazu gedrängt, erwachsen und unabhängig zu sein. Also gut, jetzt mache ich halt, was ich will. Wie gefällt euch das?»

Wie man Kinder zum Geben anstatt zum Nehmen erzieht

Alle Eltern erinnern sich gern an Situationen zurück, in denen ihre Kinder wichtige Erfahrungen machen und etwas lernen konnten. Auch ich kann auf solche merk-würdigen Erlebnisse zurückschauen. So weiß ich noch, wie unsere Älteste, Holly, und ihre Mitschülerinnen und Mitschüler aus der fünften Klasse bedürftige Menschen in unserer Stadt aufsuchten und ihnen Lebensmittel und andere praktische Dinge brachten.

Was das Projekt so wertvoll machte, war der persönliche Ansatz. Anstatt einfach Geld zu sammeln und den Lehrer einen Scheck an irgendeine Hilfsorganisation schicken zu lassen, die dann diesen benachteiligten Menschen helfen konnte, brachten Holly und ihre Freundinnen das Essen und die anderen Geschenke gleich persönlich in die Häuser und halfen dadurch gewissermaßen Auge in Auge. Holly erinnert sich heute noch, wie sie damals in der Küche einer Mutter stand, die offenbar mindestens ein Dutzend Kinder hatte und ihr für all die Hilfe überschwänglich dankte. Der Fußboden war sauber, aber er bestand nicht aus Fliesen, Holz oder Linoleum, sondern aus blankem Lehm, und durch den Besuch in diesem bescheidenen Heim bekam Holly einen Anschauungsunterricht im Blick auf kulturelle

Unterschiede und auf Soziologie, wie ihn kein Buch jemals vermitteln kann.

Ich glaube, dass solche Erfahrungen helfen, ein Kind zum Geber anstatt zum Nehmer zu erziehen. Was meine ich mit «Geber und Nehmer», und warum ist es gerade für gestresste Mütter so wichtig, den Unterschied zu kennen? Ich denke, es gibt mehrere Gründe:

- Geber haben etwas von der Wirklichkeit und den Nöten der Menschen begriffen.
- Nehmer ziehen eine Phantasiewelt vor und achten darauf, selbst genug zu bekommen.
- Geber möchten verantwortungsbewusste Mitmenschen sein und sind bereit, sich für das Gemeinwohl zu engagieren.
- Nehmer wollen von niemandem zur Rechenschaft gezogen werden und sind nicht bereit, viel Verantwortung zu übernehmen.
- Ein Geber weiß, dass er zuweilen warten muss, bis er bekommt, was er sich wünscht, ja, dass er manchmal sogar ganz verzichten muss.
- Der Nehmer lebt nach dem Gesetz der sofortigen Befriedigung.

Ich könnte fortfahren, aber ich denke, Sie haben das Prinzip verstanden. Ich will hier keine Predigt halten und alle Leute zu «Tugendbolden» bekehren. Es geht mir vielmehr darum, den Kindern eine Lebensgrundlage zu vermitteln, die sich, wenn sie selbst erwachsen sind und eine eigene Familie haben, in den verschiedensten Weisen als tragfähig erweist. Zum Beispiel:

- Geber halten in einer Ehe auch dann durch, wenn schwierige Zeiten kommen.
- Der Nehmer steigt aus, weil es ihm «nichts mehr bringt».
- Der Geber kümmert sich um seine Familie.
- Der Nehmer kümmert sich um sich selbst.
- Der Geber behandelt auch seine Kinder fair und mit Respekt.
- Der Nehmer achtet im Umgang mit seinen Kindern nicht wirklich ihren Wert als Persönlichkeit oder ihre Meinung.

Ob jemand ein Geber oder ein Nehmer ist, lässt sich meiner Erfahrung nach nirgendwo deutlicher erkennen als in der Familie. Dabei möchte ich allen gestressten Müttern eines ins Stammbuch schreiben: Mit «Geben» meine ich nicht, dass Sie die Rolle der Dienstmagd, der Fußmatte oder der Sklavin übernehmen sollen, während Mann und Kinder fröhlich im Nehmen schwelgen. Wenn Sie möchten, dass Ihre Kinder (und vielleicht auch Ihr Mann?) ein bisschen das Geben lernen, brauchen sie Anleitung und Übung. Sie brauchen ein lebendes, atmendes Beispiel dafür, wie das geschieht.

Sie brauchen *Reality Discipline*.

Ich gebe zu, ich bin im Blick auf den Nutzen von *Reality Discipline* etwas voreingenommen. Die meisten Psychologen haben ihre eigene Theorie zur Kindererziehung, und ich bin da keine Ausnahme. Der Grund, warum ich so vehement für *Reality Discipline* eintrete, ist der, dass ich weiß: Sie funktioniert.

Wenn Eltern – vor allem Mütter, die den Löwenanteil

der Erziehung tragen – die Methoden der *Reality Discipline* anwenden, werden sie die Probleme, die Stress verursachen, zwar auch nicht ganz aus der Welt schaffen, aber sie können verhindern, dass der vielfältige Druck und der daraus resultierende Stress sie allmählich verrückt machen.

Warum ist *Reality Discipline* so großartig?

Um *Reality Discipline* ausführlich zu erklären, wäre ein ganzes Buch nötig. Kurz gesagt geht es darum, dem Kind Gelegenheit zu geben, selbst Entscheidungen zu treffen und mit den Folgen dieser Entscheidungen zu leben. Es erhält die Freiheit, Fehler zu machen und die Verantwortung dafür zu übernehmen. *Reality Discipline* bedeutet:

- Sie wollen nicht strafen. Sie suchen nach Wegen, Ihr Kind zu erziehen und zu überzeugen und positives Verhalten einzuüben und zu verstärken.
- Nicht *Sie* «strafen»; nicht *Sie* verursachen den Schmerz oder sorgen für die Konsequenzen, die das Kind unter Umständen für sein falsches Handeln auf sich nehmen muss. Es ist die *Realität*, die dem Kind beibringt, dass ein bestimmtes Verhalten bestimmte Konsequenzen oder auch Schmerzen nach sich zieht. Es lernt, dass es in der wirklichen Welt nun einmal so zugeht.
- Sie pendeln nicht zwischen nachgiebigem Verhalten (zu viel Liebe und zu wenig Kontrolle) und autoritärem Verhalten (zu viel Kontrolle und zu wenig Liebe) hin und her.

  Manche Psychologen bezeichnen eine Haltung in der Mitte zwischen zu viel Liebe und zu viel Kontrolle als «gesunde Autorität», womit sie meinen, dass der Erziehende die Kontrolle hat, dabei aber vernünftig, fair und liebevoll bleibt. Ich habe diesen Begriff auch selbst benutzt, die Vorstellung von einem «Gleichgewicht» gefällt mir allerdings besser. Und es gibt kein besseres Mittel als *Reality Discipline*, um ein Gleichgewicht zwischen den beiden Extremen herzustellen.

- Sie geben Ihrem Kind die Chance, eigenständig zu lernen, indem es eigene Entscheidungen trifft und die Verantwortung dafür übernimmt, das heißt die Folgen seiner Fehler und Pannen sowie seiner positiven Leistungen erlebt.

Kurz gesagt: Mit *Reality Discipline* helfen Sie Ihrem Kind, ein Selbstbild zu entwickeln, das es ihm erlaubt, selbstbewusst und selbstlos zu reagieren. Es wird heute viel davon geredet, man solle das Selbstwertgefühl der Kinder stärken und ihnen eine angemessene Selbstachtung beibringen. Meine Praxis ist voll von Kindern (und Eltern), die mit schwer wiegenden Störungen des Selbstwertgefühls zu kämpfen haben. *Reality Discipline* kann viel dazu beitragen, die Selbstachtung zu stärken. Um die besten Ergebnisse zu erzielen, sollte sie allerdings von der Wiege an angewandt werden.

Sie sollten zum Beispiel keine Bedenken haben, Ihr Kind in der Obhut eines Babysitters zu lassen, dem Sie vertrauen können, und selbst einmal abends auszugehen. So lernt das Kind, dass es nicht der Nabel der Welt ist. Es ist auch kein Verbrechen, ein Laufgitter aufzustellen. Kinder müssen lernen, dass die Mutter auch anderes zu tun hat, als sich um ein Kleinkind zu kümmern. Es ist viel einfacher, einen Kuchen zu backen oder das Kassenbuch zu führen, wenn einem kein Bleigewicht am Bein hängt.

Wie *Reality Discipline* in der Praxis funktioniert

Ob ich Einzelgespräche in meiner Praxis führe oder bei einem Seminar oder einem Vortrag zu einer ganzen Gruppe von Eltern rede, ich versuche immer wieder zu betonen, dass *Reality Discipline* kein Trick ist und auch keine Patentantwort auf alle Fragen. Sie funktioniert, wenn *Sie* funktionieren. Hier aber ein paar Grundprinzipien, die Sie beherzigen sollten bei der Erziehung Ihrer Kinder zu Menschen, die geben wollen und die liebevoll sind, anstatt immer nur egoistisch zu nehmen.

Lassen Sie Ihr Kind immer für alles, was es tut, eigene Verantwortung übernehmen. «Nehmer» haben nur ein geringes oder gar kein Verantwortungsbewusstsein. Sie sind zu sehr damit beschäftigt, an sich zu denken. «Geber» haben dagegen von frühester Kindheit an gelernt, dass alles, was sie tun und lassen, irgendwelche Folgen zeitigt.

Nehmen wir einmal an, Mutter sagt dem vierjährigen Sascha: «Es ist Zeit, die Spielsachen zusammenzuräumen. Wir müssen zum Arzt.»

Klein-Sascha jammert: «Ich kann nicht, sie sind zu schwer!»

Mama sagt nichts und fährt mit Sascha zum Arzt. Auf dem Heimweg kommen sie an einer Eisdiele vorbei, und Sascha will, dass Mama anhält und ihm ein Eis kauft. Mama aber fährt weiter und sagt: «Ich kann das Steuer nicht drehen, es ist zu schwer!»

Wenn Mama das durchhält und Saschas Betteln und Jammern nicht nachgibt, dann begreift er, was sie meint.

Er lernt: «Wenn ich meine Spielsachen zusammenräume, dann bekomme ich manchmal eine Belohnung. Wenn nicht, dann sicher nicht!»

Im Grundschulalter bieten sich unzählige Gelegenheiten, «natürliche Konsequenzen» zu lernen. Wenn das Kind die Hausaufgaben nicht erledigt, gibt es auch kein Fernsehen. Wenn es absichtlich ein Spielzeug kaputt macht, muss es vom eigenen Taschengeld ein neues kaufen. Wenn es nicht aufsteht, sobald Mama zum Frühstück ruft, verpasst es den Schulbus und muss zur Schule laufen, die Folgen der Verspätung selbst ausbaden und dem Lehrer oder der Lehrerin den Grund erklären.

Ihrem Teenager können Sie helfen, Verantwortung zu übernehmen, indem Sie ihn die Verkehrsbußen aus der eigenen Tasche zahlen lassen oder ihn allein auf dem Polizeiposten antraben lassen.

Einen ständigen Kleinkrieg führen die meisten Eltern mit ihren Teenagern bezüglich Zeit, zu der diese abends nach Hause kommen müssen. Wie sieht in diesem Zusammenhang *Reality Discipline* aus? Nun, Sie könnten etwa Folgendes versuchen:

Erklären Sie Ihrem Teenager, Zu-spät-Kommen bedeute, dass für eine Woche (oder für einen anderen Zeitraum, der angemessen ist) etwas gestrichen wird, was ihm wichtig ist. Wenn Ihr Teenager am Abend aus dem Haus geht, lassen Sie ihn vorher einen Wecker auf die vereinbarte Zeit stellen und vor Ihrer Schlafzimmertür deponieren. Er weiß dann, dass er sich nicht unbemerkt zu spät ins Haus schleichen kann, sondern dass zur vereinbarten Zeit der Wecker die Eltern aus dem Schlaf reißen wird, was sie keinesfalls milde stimmen dürfte. Es muss jedenfalls nicht lange diskutiert werden, ob jemand sich beim Blick auf die Uhr getäuscht hat – der Teenager hat den Wecker selbst gestellt, und er ist dafür verantwortlich, rechtzeitig nach Hause zu kommen und ihn abzustellen.

Sie können mit Ihrem Teenager natürlich auch abmachen, dass er Sie anrufen soll, wenn er ohne eigenes Verschulden nicht pünktlich heimkommen kann. Er kann ja durchaus einmal eine Reifenpanne haben, oder die Leute, mit denen er zusammen ist und von denen sein pünktliches Heimkommen abhängt, haben ihre Pläne geändert, ohne dass er das hätte verhindern können. Entscheidend ist bei der Frage des Zeitlimits (wie bei anderen Absprachen), dass das Einhalten der Abmachungen freundlich, gerecht und konsequent durchgesetzt wird. Wenn der Wecker erst einmal bimmelt, gibt es keine Ausflüchte mehr. Die Konsequenzen müssen getragen werden.

Seien Sie konsequent. «Nehmer» haben wenig Selbstdisziplin, weil ihre Eltern selbst inkonsequent und undiszipliniert sind. «Geber» entstammen viel eher einem Elternhaus, in dem auf Disziplin geachtet wird, und zwar immer fair und gerecht.

Der Schlüssel zum Erfolg liegt darin, nicht einmal *Reality Discipline* anzuwenden und bei anderer Gelegenheit wieder nachgiebig oder autoritär zu sein. Es wird viele schwierige Momente geben, wo Sie das, was sie als Konsequenz für ein bestimmtes Verhalten angekündigt haben, auch durchsetzen müssen. Ihr Kind wird testen, wie viel es sich in einer bestimmten Situation herausnehmen kann. Mit *Reality Discipline* können Sie es stattdessen lehren, dass es etwas zu geben hat – verantwortungsbewusstes Handeln.

Konsequentes Verhalten lässt sich besonders gut mit Hilfe der Uhr einüben. Nehmen wir an, Ihr Kind setzt sich darüber hinweg, dass es um sechs zum Abendessen zu Hause sein soll. Es «vergisst» es oder bleibt einfach fort, weil es bei den Freunden gerade so lustig ist. Für solche Fälle gibt es eine einfach Regel: Kein Abendessen. Diesen Vorschlag finden viele Mütter furchtbar, und sie widersprechen mir heftig. Das sei lieblos und viel zu streng. Darauf erwidere ich, dass meines Wissens noch kein Kind daran gestorben ist, dass es eine Mahlzeit (oder auch mehrere) verpasst hat. Wenn Sie in diesem Punkt konsequent sind, dann wird das Kind übrigens nicht allzu viele Mahlzeiten verpassen. (Machen Sie es sich auch zur Gewohnheit, Ihre Kinder *nur einmal* zum Essen zu rufen.)

Konsequent zu sein wird schwieriger, wenn die Kinder in die weiterführende Schule kommen, aber es lohnt sich trotzdem. Ich habe schon gezeigt, wie man im Blick auf den Ausgang und die Ausgangszeiten konsequent sein kann. Manche Eltern empfinden den Mofa-Führerschein (und den Besitz des entsprechenden Fahrzeugs) als mittlere Katastrophe. Dabei bietet er ihnen eine gute Möglichkeit, einen konsequenten Erziehungsstil zu pflegen. Den meisten jungen Leuten ist ihr fahrbarer Untersatz ungeheuer wichtig. Wenn dann einmal eine Regel nicht eingehalten wird und es dafür Fahrverbot gibt, müssen die Eltern konsequent bleiben (sie dürfen das Kind dann allerdings auch nicht schnell per Mofa zum Bäcker schicken, um Brot zu holen!). Es versteht sich übrigens von selbst, dass die «konsequente Erziehung» viel besser funktioniert, wenn das Kind von klein auf in dieser Art erzogen wurde.

Bringen Sie Ihrem Kind bei, dass erst nach getaner Arbeit der Lohn der Arbeit winkt. Für den «Nehmer» kommen die persönlichen Pläne und Wünsche immer vor den Pflichten. Der «Geber» sorgt dafür, dass erst die Pflichten erledigt werden. Schon ein Kleinkind kann lernen, dass wir «erst das Spielzeug aufräumen und dann das Kinderprogramm im Fernsehen anschauen». Und ein Grundschüler ist viel besser für das Leben gerüstet, wenn er gelernt hat, dass die Arbeit vor dem Vergnügen kommt – sogar beim Spielen!

Im Teenageralter ist die sofortige Wunscherfüllung heute fast ein kultisches Ritual. Dagegen können Sie sich am besten mit einer Waffe wehren: mit Ihrem Portemonnaie – wenn es in der Tasche bleibt, meine ich. Teenager brauchen eine neue Jacke, die neusten Schuhe oder was auch immer – und zwar sofort. Das Leben ist kurz und hektisch. Alle anderen Kids haben die Sachen, und wenn unser Sohn sie nicht auch umgehend bekommt, wird er auf der Stelle sterben.

Eltern, die auch angesichts dermaßen schwerwiegender Argumente *Reality Discipline* praktizieren wollen, werden zunächst einmal erklären, warum das Geld nicht da ist. Und wenn der Teenager dann immer noch darauf besteht, dass er sterben wird, wenn er das Gewünschte nicht erhält, antwortet die Mutter oder der Vater schlicht: «Du wirst nicht sterben, aber du musst die Wirklichkeit so sehen, wie sie ist.»

Eine andere nahe liegende Antwort an den Teenager, der irgendeine Sache «einfach haben muss», besteht darin, ihm vorzuschlagen, selbst Geld zu verdienen, damit er sich seine Wünsche erfüllen kann. Wenn der Teenager irgendwo Geld verdienen muss, lernt er den Wert des Geldes viel mehr schätzen.

Sie können einem Kind auch helfen, selbst ein Stück Verantwortung zu übernehmen, und ihm dabei zeigen, dass Wünsche nicht immer sofort erfüllt werden können, indem Sie es am monatlichen Bezahlen der fälligen Rechnungen innerlich teilhaben lassen und ihm die Bücher und Haushaltsbudgets ganz offen vorlegen und erklären. Das mag eine «Menge Extraaufwand» bedeuten, kann aber durchaus der Mühe wert sein. Vielleicht warten Sie damit lieber, bis das Kind ein gewisses Alter erreicht hat; ich glaube aber durchaus, dass schon zwölf oder dreizehn Jahre alte Kinder in der Lage sind, zu begreifen, was in einer Familie alles an Kosten anfällt. Und wenn Sie dem Kind hier Vertrauen entgegenbringen, dann fühlt es sich von Ihnen auch geachtet. Wenn Ihr Kind lernt, wie viel nötig ist, um eine Familie zu unterhalten, dann begreift es auch, dass manche Dinge aufgeschoben werden müssen, dass manches zu warten hat und dass man für Dinge, die man gern haben möchte, oft tatsächlich sparen muss.

Und es hat noch einen weiteren Vorteil, wenn das Kind mithelfen darf, «die Rechnungen zu zahlen». Wenn es schon im Alter von zwölf oder dreizehn Jahren mitbekommt, was es kostet, eine Familie durchzubringen, dann ist die Gefahr weit geringer, dass es mit sechzehn die Schule abbricht, um irgendeinen Job anzunehmen, der nichts bringt. Viel eher wird es versuchen, die Schule anständig zu beenden und dann eine Ausbildung zu machen, die es ihm erlaubt, selbst genug Geld zu verdienen.

Behandeln Sie Ihr Kind mit Respekt – nicht mit Sarkasmus, Arroganz oder von oben herab. «Nehmer» haben wenig Achtung vor anderen, weil sie nie gelernt haben, sie mit Respekt zu behandeln. «Geber» lernten von ihren besten Vorbildern, den Eltern, respektvolles Verhalten. Mit anderen Worten, wer andere mit Respekt behandelt, der ist zu Hause auch selbst respektiert worden.

Ich habe Mütter gesehen, die ihren achtjährigen Söhnen, wenn sie beim Baseballspiel zitternd auf dem Schlagmal standen, zuschrien: «Nimm die Hände zusammen, Frankie. Heb den Schläger hoch, du Idiot. Beine auseinander!»

Ich bin selbst ein großer Baseballfan, und einmal konnte ich nicht mehr an mich halten und versuchte mit der Mutter zu reden. Worauf sie mir ziemlich unmissverständlich klarmachte, ich solle mich gefälligst um meine eigenen Angelegenheiten kümmern!

Schon einem kleinen Kind können wir übrigens mit Achtung begegnen, indem wir uns «auf seine Ebene begeben», wenn wir mit ihm reden. Stellen Sie sich einmal vor, wie Ihnen zumute wäre, wenn Sie sich das ganze Leben lang den Hals verrenken müssten, weil Sie ständig mit Riesen verkehrten, die zwei- oder dreimal so groß sind wie Sie!

Bei Jugendlichen ist die Frage des gegenseitigen Respekts dann von ganz entscheidender Bedeutung. Vergessen Sie dabei nicht, dass Sie von einem Teenager nicht einfach Respekt verlangen können. Sie müssen sich diesen Respekt verdienen. Hat Ihr Teenager genug Privatsphäre? Nehmen Sie seine Probleme ernst, oder tun Sie sie einfach mit einem Lachen ab, im Sinne von: «Ach, da wirst du schon drüber wegkommen. Ich musste das schließlich auch, als ich in deinem Alter war»?

Reality Discipline – ist das alles?

Ich kann verstehen, wenn manche Mütter an diesem Punkt sagen: «Will dieser Leman mir etwa weismachen, Erziehung sei nichts anderes, als meine Kinder vernünftig zu bestrafen?»

Nein, Erziehung bedeutet natürlich noch viel mehr. Was ich hier ausgeführt habe, zeigt im Grunde nur ansatzweise auf, wie eine Erziehung durch vernünftiges Strafen den Stress von Eltern lindern oder verhindern kann. Eltern sein ist niemals einfach. Dabei aber ständig unter Stress zu stehen, weil man nicht den Mittelweg zwischen zu großer Strenge und zu großer Nachsicht findet, ist töricht – und völlig unnötig.

Natürlich gibt es trotz aller Erziehung auch Momente, wo unsere Kinder nur nehmen, anstatt auch zu geben. Die gibt es bei uns allen jeden Tag. Unser Ziel ist es aber, eine Einstellung zu fördern, die mehr auf das Geben als aufs Nehmen ausgerichtet ist.

Und vergessen Sie bei allem nie, dass Sie als Eltern nicht vollkommen sein müssen. Ja, Sie werden in Ihrer Elternrolle viel mehr erreichen, wenn Sie erkennen, wie unvollkommen Sie tatsächlich sind! Selbst eine Erziehung, in welcher Sie Ihr Kind die Folgen und Konsequenzen seiner Handlungen tragen lassen, wird nicht immer hundertprozentig funktionieren. Wenn Sie es lernen können, zu entspannen und die Katastrophen und Zusammenstöße mit der Wirklichkeit zu akzeptieren, dann wird Ihr Stressniveau sinken und tief bleiben.

Vielleicht brauchen Sie selbst am nötigsten einen Schuss Realitätssinn. Sie tun sich keinen Dienst, wenn Sie versuchen, eine Supermutter zu sein. Im nächsten Kapitel werde ich Ihnen ein paar solcher Supermütter vorstellen und ein paar Tipps geben, wie Sie eine «ganz normale, durchschnittliche Mutter» werden können, die nicht immer alles vollkommen im Griff hat, bei der nicht jedes Fältchen sitzt, die aber gern Mutter ist, weil sie weiß, wo die Dinge ihren Platz haben – vor allem ihre Prioritäten.

Kapitel 8

Warum schaffen's alle anderen, nur ich nicht?

Supermutter begegnet dem Feind und erkennt: «Ich bin es selbst!»

Darf ich Ihnen Helga vorstellen? Mit ihren drei Kindern im Schlepptau kommt sie zum ersten Beratungsgespräch. Ihr Problem? Die Kinder sind unverbesserlich, und sie selbst ist total am Ende. Helga hat diesen gewissen Blick, also frage ich sie, welche Aktivitäten ihre Kinder neben der Schule noch betreiben.

«Nun, Stefanie ist dreizehn und spielt Softball. Außerdem nimmt sie Ballettunterricht und übt Stepptanz. Daneben engagiert sie sich in unserer Gemeinde in der Jugendgruppe. Bobby ist elf und spielt Baseball und im Winter Fußball. Dann hat er noch Gitarrenstunden, ist bei den Pfadfindern, und letzte Woche hat er mit einer Gruppe von der Gemeinde einen Kegelclub angefangen. Kristin ist neun. Sie geht in die Jungschar und macht Gymnastik. Ich habe auch gedacht, dass sie nächsten Monat, wenn sie zehn wird, mit dem Klavierunterricht anfangen sollte. Sie ist sehr musikalisch, wie alle unsere Kinder.»

Helga ist eine typische «Taximutter». Ständig transportiert sie ihre Kinder von hier nach da und wieder zurück und dann quer durch die Stadt zum nächsten Termin. Wenn man zu den Aktivitäten ihrer Kinder noch ihre eigenen hinzuzählt – sie ist Vorsitzende im Frauenverein, Mitarbeiterin in der Gemeinde (und an einem Abend pro Woche geht sie noch zum Seidenmalen) –, kann man gelinde gesagt von einer «angespannten Situation» sprechen. Platter ausgedrückt: Helga und ihre Kinder sind am Limit.

Als Nächste kommt Eliane, einunddreißig, Mutter von zwei kleinen Kindern und voll berufstätig als Chefsekretärin in einer großen Fabrik.

Keine Frage, dass Eliane tüchtig ist. Ich lernte sie im Gespräch als typischen Powertyp kennen, der nie zur Ruhe kommt und immer ungeduldig ist – alles muss immer vollkommen sein. Eliane kam zu jeder Sitzung mit einer Liste in der Hand, auf der sie all die Dinge notiert hatte, über die sie mit mir reden wollte, und nie reichte die Zeit. Nie konnten wir alle Fragen besprechen. Ich vermutete, dass sie im Büro und zu Hause genauso auftrat.

Ich fragte Eliane, ob sie ein Listenmensch sei, und sie gab unumwunden zu: «Ja, ich mache ständig Listen.» Sie hatte sogar Listen, um ihre Listen zu finden. Listen in jeder Form gehörten einfach zu ihrem Leben. Ich fragte sie, ob es ihr etwas ausmachen würde, zur nächsten Beratung einmal so eine ihrer typischen «To do»-Listen mitzubringen. «Kein Problem», erwiderte sie, und tatsächlich schauten wir uns in der folgenden Woche dann die Liste der Dinge an, die Eliane sich für den betreffenden Tag vorgenommen hatte.

Sie schien mir unendlich lang. Schier endlos.

«Sagen Sie mal, sind das die Dinge, die Sie heute erledigen wollen?»

Eliane nickte bestätigend, und so fragte ich weiter: «Wie groß sind die Aussichten, dass Sie das alles heute auch tatsächlich schaffen?»

«Oh, nicht sehr groß. Die ganze Liste kann ich heute ganz bestimmt nicht abhaken.»

«Und warum haben Sie dann oben drüber geschrieben: ‹Muss heute erledigt werden›?»

«Hm, weiß nicht», war alles, was sie darauf erwidern konnte.

Wir wollen Eliane für einen Augenblick verlassen und uns noch einer anderen Mutter zuwenden. Sie hat ein Kind von drei Jahren, ein zweites ist unterwegs. Dolores kam mit einer Reihe von körperlichen Beschwerden zu mir: starke Kopfschmerzen, ständige Müdigkeit, hin und wieder Rückenschmerzen und ein Klingeln in den Ohren. Der Hausarzt hatte von zu hohem Blutdruck gesprochen.

«Wieso sind Sie zu mir gekommen?», fragte ich.

«Weil ich mich so jämmerlich fühle. Ich bin so furchtbar müde und frustriert, dass ich gar nicht mehr gern Mutter bin. Ich bereue, dass ich meinen Job aufgegeben habe, ehe Michi kam. Jetzt ist das zweite Kind unterwegs, und das passt mir auch nicht.»

«Und deshalb fühlen Sie sich so jämmerlich?»

«Ja, ich sollte nicht so unzufrieden sein. Ich sollte gern Mutter sein. Ich sollte glücklich sein, dass ich einen gesunden kleinen Sohn habe und die neue Schwangerschaft so gut verlaufen ist. Aber ich bin gereizt. Ich explodiere, wenn mein Mann etwas von mir will, und breche bei der kleinsten Kleinigkeit in Tränen aus. Gestern habe ich geheult, weil ich im Supermarkt die Marmelade nicht finden konnte.»

«Müdigkeit kann jeden gereizt machen», erwiderte ich. «Gibt es noch andere Gründe dafür, dass Sie so schnell die Fassung verlieren?»

«Nun, als Michi geboren wurde, hatte ich mir vorgenommen, die beste Mutter zu sein, die es gibt. Ich wollte alles richtig machen. Ich wollte dabei sein, wenn er die ersten Schritte machte. Deshalb habe ich den Job aufgegeben. Ich habe so ziemlich jedes Buch über Kindererziehung gelesen, das es gibt. Und ich mache es einfach nicht so, wie es eigentlich sein müsste. Ich sollte eine bessere Mutter sein. Aber ich bin so müde ...»

Das Supermutter-Syndrom ist überall verbreitet

Da haben wir sie also: Helga, die Taximutter; Eliane mit ihren Listen und die unter Hochdruck stehende Dolores, die sich jämmerlich fühlt, weil sie «es besser machen sollte». Was haben diese drei Frauen gemeinsam? Man könnte vieles nennen, aber ich möchte die Sache auf ein Grundproblem reduzieren: Sie alle leiden unter dem, was ich das «Supermutter-Syndrom» nenne, einem Zustand, der den meisten Frauen und Müttern in der einen oder anderen Form bekannt ist.

Ja, ich persönlich vermute, dass alle Mütter die Tendenz zur «Supermutter» in sich tragen.

Und wie lange bleibt eine Mutter Supermutter? Etwa so lange, wie ihre Energie reicht. Hans Selye, der Pionier der Stressforschung, von dem wir in Kapitel 2 bereits geredet haben, hat über den menschlichen Energiehaushalt einiges gesagt, was besonders für Mütter aufschlussreich ist. Jedes Mal, wenn wir Stress erleben, gehen wir durch das, was Selye das Anpassungssyndrom nennt. Die beiden ersten Phasen sind Alarm und Widerstand. Wenn wir durch irgendetwas aufgeschreckt werden, was Angst, Druck oder Spannung in uns hervorruft, beginnt das Adrenalin zu fließen, und wir sind bereit, Widerstand zu leisten. Das haben wir in Kapitel 2 bereits gesehen. Wir versuchen, wie Selye so klassisch formuliert hat, zu «kämpfen oder zu fliehen». Bei diesem ganzen Prozess verbrauchen wir «Adaptationsenergie». Und nun kommt der springende Punkt: Diese Energie ist begrenzt. Wir haben nur eine bestimmte Menge zur Verfügung, und wenn sie verbraucht ist, dann beginnt Selyes dritte Phase des Anpassungssyndroms – die Erschöpfung.

Wenn Mütter wie Helga, Eliane und Dolores zu mir kommen, befinden sie sich mitten in dieser Erschöpfungsphase. Ja, sie sind auf allerbestem Wege zu dem, was heute als «Burn-out» bekannt ist, als Ausgebranntsein. In seinem hervorragenden Buch mit dem Titel *Parent Burnout* liegt Joseph Procaccini ganz auf der Linie von Selye, wenn er sagt, unsere kostbarste Ressource als Eltern sei unsere Energie, *aber diese Energie sei begrenzt*. Wer nicht ausbrennen will, muss seine persönliche Energiezufuhr überwachen – und sparsam mit seiner Energie umgehen.

Nach Procaccini zeigt die Supermutter, die auf den Burn-out zusteuert, die folgenden Merkmale:

- Sie hat eine Liste der Dinge, die sie tun *sollte*, die aber unerreichbar sind (wie Eliane mit ihren Listen).

- Sie fühlt sich verantwortlich für das, was Mitgliedern ihrer Familie zustoßen könnte, auch wenn sie gar keine Kontrolle über diese Dinge hat. (Mit anderen Worten – sie hat Schuldgefühle wie Dolores.)
- Sie behandelt alles, was passiert, als «Staatsaffäre» – als Riesenproblem, an dem sich alles entscheidet.

Dieses letzte Merkmal könnte man auch «Schwarzsehen» nennen. Man macht sich so viele Sorgen über eine Sache, dass man ihre Proportionen völlig verzerrt. Eine «Schwarzseh-Mutter» fragt sich zum Beispiel, ob sie ihr Kind länger hätte stillen müssen, ob sie ihm mehr Geschichten hätte vorlesen müssen, ob sie ihm besser hätte zuhören müssen, ob sie nicht so früh wieder in den Beruf hätte gehen sollen und so weiter.

Wieso alle Mütter burn-out-gefährdet sind

Alle drei genannten Merkmale sind absolut verheerend. Am gefährlichsten ist wohl das klassische Supermutter-Gefühl, dass Mutter allein für das Glück und Wohlergehen jedes einzelnen Familienmitglieds verantwortlich sei. Sich für Dinge verantwortlich zu fühlen, auf die man keinen Einfluss hat, ist der sicherste Weg, sich selbst unter ungeheuren Stress zu setzen. In Selyes Begriffen ausgedrückt: Sie verbrauchen Ihre Adaptations-Energie in Null Komma nichts und sind bald völlig erschöpft oder «ausgebrannt».

Eine Klientin sagte zu mir: «Ich fühle mich für alles verantwortlich. Ich hatte sogar ein schlechtes Gewissen, weil es regnete, als meine Verwandten letzthin bei uns zu Besuch waren!»

Sicher werden manche Mütter nun sagen: «Für mich gilt das nicht. Ich habe keine solchen Komplexe wie Helga, Eliane oder Dolores. Aber ich bin trotzdem ständig müde und frustriert.»

Darauf kann ich nur erwidern: Das Supermutter-Syndrom kann sich auf sehr unterschiedliche Weise äußern. Manchmal habe ich den Eindruck, gegen jede Frau, die Mutter wird, sei eine regelrechte Verschwörung im Gange. Es liegt ja schon im Wesen der neuen Aufgabe, dass die Mutter burn-out-gefährdet ist. Vierundzwanzig Stunden am Tag muss sie abrufbereit sein, und das sieben Tage in der Woche und achtzehn Jahre lang (oder länger).

Fragen Sie nur einmal die Kinder. Die wissen ganz instinktiv, dass Mutter viel besser auf ihre Bedürfnisse eingehen kann als Vater.

Niemand ist so weich und warm wie Mutter.

Niemand versteht einen so wie Mutter.

Niemand kann Dinge in Ordnung bringen oder wiederfinden wie Mutter. Nicht, dass die Kinder irgendetwas gegen Vater hätten – sie wissen einfach, wer ihnen helfen kann, wenn es darauf ankommt.

Ich habe es selbst erlebt, dass ich direkt neben meinen Kindern saß und sie mit ihren Fragen zu Sandy liefen: «Mama, wo sind meine weißen Schuhe? Mama, wo ist meine grüne Haarbürste?»

Hatten sie mich, ihren Vater, nicht gesehen? Doch, aber irgendwie wissen Kinder ganz intuitiv, dass sie mit solch dringenden Problemen bei Mutter an der besseren Adresse sind.

Und natürlich geht Mutter auf sie ein. Kein Wunder,

dass sie dazu neigt, sich um alles zu kümmern. Schließlich bleibt sowieso alles an ihr hängen.

Supermutter geht einkaufen

Ich habe in den letzten paar Wochen vor dem Abschluss dieses Buches in unserer eigenen Familie Supermutter selbst ganz eindrucksvoll in voller Aktion erlebt. Wir fuhren an einem Wochenende nach Phoenix, um dort verschiedene Dinge zu erledigen. Ich bin ein absoluter Fan der Baseballmannschaft der Universität von Arizona und wollte mir ansehen, wie die *Cats* («meine» Mannschaft) das *Arizona-State-Team* so richtig in die Pfanne hauen würden. Sandy wollte in einem Discountladen, der besonders für seine günstigen Kleider bekannt ist, ein paar Einkäufe tätigen. Und die Kinder wollten sich einfach am Pool des Motels amüsieren oder zumindest dort, wo sich sonst eine Möglichkeit dafür bot.

Wir kamen Freitagabend an und schauten erst einmal zu, wie die *Cats* mit 9 zu 12 diskussionslos verloren. Am nächsten Vormittag gingen Sandy, unsere älteste Tochter Holly und ich einkaufen. Ich will den Tag nicht in allen Einzelheiten schildern. Nur so viel: Sandy lief mir fast die Hacken ab. Sie schleppte mich in mindestens ein Dutzend Geschäfte, bevor wir endlich zu dem berühmten Discountladen kamen. Da war es schon später Nachmittag, und ich begann um Gnade zu flehen. Sandy erwiderte darauf nur immer wieder: «Noch fünf Minuten.»

Fünfundfünfzig Minuten später schlurfte ich hinter ihr zur Tür hinaus und versuchte über die Berge von Paketen hinweg unser Auto zu finden. Sandy hatte unermüdlich nach allen möglichen günstigen Kinderkleidern gesucht und auch für mich ein paar Hemden gefunden. (Wieso ich sie für mich Hemden aussuchen lasse? Weil ich so farbenblind bin wie ein Kaktus.)

Unsere Einkaufstour durch Phoenix ist ein simples Beispiel dafür, wie ein und dieselbe Unternehmung dem einen Menschen Spaß machen und lohnend erscheinen kann und für den anderen unangenehm und stressig sein kann. Beim Einkaufen verbrauchten Sandy und ich beide eine bestimmte Menge Adaptationsenergie. Sandy aber stand nur so viel unter Stress, dass sie erledigen konnte, was sie sich vorgenommen hatte, und zwar so, dass sie dabei auch noch Spaß hatte.

Wir waren am Morgen sehr früh aufgebrochen, damit wir auch alles erledigen konnten, was auf unserer Liste stand. (Ja, wir hatten tatsächlich eine Liste gemacht.) Und wir schafften es (außer dass wir für Holly keinen passenden Badeanzug fanden). Sandy verbrauchte einen Teil ihrer Adaptationsenergie, aber sie genoss es. Den ganzen Tag über sagte sie immer wieder: «Hach, ist das schön, einzukaufen!» Und für wen kaufte sie ein? Für Kevin, Krissy, Holly, Hannah, Lauren – und mich. Sie liebt ihre Familie und widmet uns gern ihre Zeit und Kraft.

Selye betont, dass es keinen Sinn hat, unsere Energie zu horten und gar nichts davon zu verbrauchen. Das Leben verlangt, dass wir uns in einem gewissen Maß unter Stress setzen, sonst würden wir gar nichts erreichen und auch keine Freude haben. Er sagt dazu:

> Was die Adaptationsenergie angeht, die bei normalem Stress verbraucht wird, so liegt das Erfolgsgeheimnis nicht darin, allen Stress zu vermeiden und ein ereignis-

loses, langweiliges Leben zu führen, denn dann würde uns unser Reichtum gar nichts nützen. Es geht vielmehr darum, unser Kapital weise einzusetzen und mit möglichst geringem Einsatz das Beste herauszuholen.

Unser Trip nach Phoenix war ein gutes Beispiel dafür: Meine Frau Sandy setzte ihre Energie weise ein und holte damit die größtmögliche Befriedigung für sich heraus. Sie hatte ein tolles Wochenende, weil sie etwas tat, was ihr rundum Freude bereitete. Für mich war das Wochenende hingegen nicht ganz so lustig. Die *Cats* vergaben wertvolle Punkte an unsere Erzrivalen, die *Sun Devils* von *Arizona State*. Das Einkaufen empfand ich als Horror, und auf dem Heimweg gab es zudem auch noch einige Probleme mit unserem Auto ...

«Okay, großer Held, bring mal den Abfall raus!»

Unsere Abenteuer während des Wochenendes in Phoenix sind nur ein kleines Beispiel dafür, wie das Leben eine prickelnde Herausforderung oder eine stressige Last sein kann. Sandy kann den ganzen Tag einkaufen. Ich bin schon nach einer guten Stunde kaputt. Zum Glück muss ich nicht oft mitgehen. Und als wir wieder zu Hause waren, musste ich auch nicht schon bald wieder einkaufen, das Abendessen vorbereiten, Holly in die Jugendgruppe fahren, die Waschmaschine füllen, Krissy zum Softballtraining bringen, einen Beitrag für die Frauengruppe ausarbeiten und darauf achten, dass Kevin rechtzeitig zum Baseballspiel aufbrach. Auch wenn wir versuchen, die Aktivitäten unserer Kinder auf je eine oder zwei zu beschränken, hat Sandy als Supermutter genug zu tun.

Bei dem vollgepackten Programm, das Sandy hat, fragen Sie sich nun wahrscheinlich, ob Dr. Leman im Haushalt überhaupt nicht mit anpackt. Doch, das tut er. Wenn nicht, bekommt er Zitate aus seinen eigenen Büchern zu hören. Autor zu sein, hat sicher seine aufregenden und auch erhebenden Seiten. Meine Familie lässt sich aber nicht so leicht beeindrucken. Es gibt nichts Ernüchternderes, als nach einem Interview mit einem Radiosender den Telefonhörer aufzulegen oder vom Auftritt in einer Fernsehshow heimzukommen und dann von Sandy aufgefordert zu werden: «He, großer Held, bring doch bitte mal den Abfall raus!...»

Ja, ja, ich beteilige mich an der Hausarbeit. Ganz sicher. Aber das ändert überhaupt nichts an der Tatsache: Während ich hier und da mit anpacke, hat Sandy dennoch mit dem Supermutter-Syndrom zu kämpfen und wird ständig vom Burn-out bedroht. Wie jede andere Mutter erlebt auch sie hin und wieder «eine von diesen verflixten Wochen». Die meisten Frauen kommen mit dieser Art von Stress ganz gut zurecht. Wenn er sich aber anstaut, wenn sie nicht mehr auftanken können, dann kommt es zu Erschöpfungszuständen, und das kann zum Ausbrennen führen.

Eine Mutter, mit der ich sprach, fasste Stress so zusammen: «Das Gefühl, nicht für jeden alles sein zu können.»

Eine andere Frau, die offensichtlich nicht allzu viel Unterstützung von ihrem Mann erhielt, kam an den Punkt, wo sie abgekämpft sagte: «Im Grunde bin ich die einzige, die im Haus etwas tut. Ich habe das Gefühl, ich wäre für drei andere verantwortlich» (ihren Mann und die zwei Kinder im Alter von neun und fünf Jahren).

Der schlimmste Feind von allen

In Kapitel 4 haben wir uns die sechs größten Stressquellen im Leben der Frau angesehen: Kinder, ein zu voller Terminkalender, der Mann, nicht genug Geld, Hausarbeit und die Arbeit außer Haus. Wie man mit den Kindern besser zurechtkommen kann, darauf sind wir bereits ziemlich ausführlich eingegangen, und wir haben auch davon gesprochen, was Sie als Frau unternehmen können, wenn sich Ihr Mann zu Hause nicht allzu viel engagiert. Der schlimmste Feind von allen, besonders für die Supermutter, die sich auf dem Weg zum Burn-out-Syndrom befindet, ist aber wohl der übervolle Terminkalender.

Viele Frauen, die zu mir in die Beratung kommen, sind ähnlich strukturiert wie Eliane mit ihren Listen, von der wir weiter vorne gesprochen haben. Diese Menschen sind «entmutigte oder gescheiterte Perfektionisten». Sie scheinen einen Stab mit sich herumzutragen, den ich die «Hochsprunglatte des Lebens» nenne. Und sie schaffen es nie, hoch genug zu springen.

Oh, gewiss, es gibt Momente, wo sie mit einem Riesensatz über die Latte hechten. Aber was passiert dann? Sie legen die Latte höher! Und warum? Weil sie meinen, sie hätten es «noch besser» machen können. Legen Sie die Latte einen oder zwei Zentimeter höher? Natürlich nicht. Es müssen schon zehn oder zwanzig sein, und damit provozieren sie das Versagen gleich selbst oder schaffen sich zumindest immer mehr Stress.

Die Elianes dieser Welt machen sich vielfach selbst kaputt. Ihr Hang zum Perfektionismus kann oft schon in jungen Jahren beobachtet werden. Ich erkenne ihn in dem Kind, das viele Vorhaben anreißt, aber keines zu Ende führt. Oder – noch schlimmer – das mit keinem wirklich beginnt. Stattdessen schreckt es vor jedem Druck, vor jedem Wettbewerb zurück. Es sagt sich: «Ich habe Angst, ich könnte es nicht schaffen. Ich habe solche Angst, dass ich es am liebsten gar nicht versuche, dann merkt auch niemand, dass ich es nicht packe.» Und dann erzählt es sich eine weitere Lüge, die so lautet: «Natürlich hätte ich es machen können, aber ich hatte keine Lust. Wenn ich mehr Zeit gehabt hätte, hätte ich das prima geschafft. Bestimmt.»

Solche Kinder entwickeln sich meistens zu überkritischen Erwachsenen. Ich nenne diese Menschen die «Fehlersucher des Lebens». Sie entdecken schon auf fünfzig Meter Entfernung das Haar in der Suppe.

Fehlersucher sind prädestiniert für Berufe, in denen es auf Präzision und Gewissenhaftigkeit ankommt. Buchhalter, Ingenieure, Sekretärinnen und zum Beispiel Kontrolleure an der Fertigungsstraße werden dafür bezahlt, Fehler zu finden oder zu vermeiden. Hier profitieren sie und andere enorm von ihrem Perfektionismus. Wenn sie aber auch zu Hause alles und jeden kritisieren, können die Fetzen fliegen. Wenn eine Frau an ihrem Mann nach Fehlern sucht, wird er bald auch bei ihr welche entdecken. Und die Mutter, der ihre Kinder nichts recht machen können, landet oft in meiner Praxis und wundert sich, warum die Kinder so kritisch sind und ihr das Leben so schwer machen.

Mütter, die die Last einer perfektionistischen Persönlichkeit mit sich herumtragen (und ihren eigenen Ansprüchen natürlich nie gerecht werden können), brauchen gar keine Feinde im Leben, denn sie tragen den Feind schon in sich. Die perfektionistische Supermutter könnte wie Pogo, der Comic-Held, sagen: «Wir sind dem Feind begegnet, und wir waren es selbst.»

Ein paar weitere verräterische Kennzeichen der perfektionistischen Persönlichkeit sind die mangelnde Fähigkeit, Verantwortung zu delegieren, nicht Nein sagen zu können und sich von der Größe der jeweiligen Aufgabe lähmen zu lassen.

Welcher Perfektionistentyp sind Sie?

Ich habe viele Supermütter beraten, die einfach nicht loslassen können. Sie klagen bitterlich über die viele Arbeit, und wenn sie sich tatsächlich überwinden, bestimmte Pflichten zu delegieren – an den Mann, die Kinder, andere Familienmitglieder oder Freunde –, neigen sie dazu, den Betreffenden ständig über die Schulter zu schauen und zu kontrollieren, ob sie auch alles richtig machen. Perfektionisten haben den fast unwiderstehlichen Drang, alles selbst zu erledigen und dafür zu sorgen, dass alles «stimmt». Sie nehmen sich zu viel vor und überfordern sich hoffnungslos, weil sie zu viele Eisen im Feuer haben.

Die Perfektionistin, die «alles selber machen» will, ist meist dem Typ «Helferin» zuzuordnen. Sie möchte von allen geliebt werden. Sie will allen alles sein. Was ihr fast völlig fehlt, ist die Fähigkeit zu sagen: «Nein, das kann ich nicht.»

Leider lässt sich dieser Typ Perfektionistin leicht von der Größe der Aufgabe lähmen. Sie sieht einfach nicht, dass alles – von der herrlichen Kathedrale bis zum Grill im Garten – Stein um Stein gebaut wird. Sie zückt um sieben Uhr am Morgen ihre Liste mit den Dingen, die sie alle erledigen will, und ist dann wie gelähmt, weil es unmöglich ist, «das alles an einem Tag zu schaffen».

Das Gegenstück zur Perfektionistin mit dem Helfersyndrom ist die gestresste Arbeitswütige mit dem Lebensstil der Herrscherin. Beim Wort *Workaholic* denken wir meist an Männer, aber ich begegne immer mehr Frauen, auf die diese Bezeichnung auch zutrifft. Die Arbeitssüchtige scheint erst durch Konkurrenz zur Hochform aufzulaufen – und oft kämpft sie in erster Linie gegen sich selbst. Sie ist von Schuldgefühlen motiviert, und immer muss sie kontrollieren, gewinnen, der Boss sein.

Dieser Typ Supermutter ist stolz darauf, viele Dinge gleichzeitig erledigen zu können. Sie schafft es, in einer Viertelstunde die Zeitung zu lesen, die Einkäufe zu planen und das Essen hinunterzuschlingen. Ihr Leben wird von ihrem Terminplan bestimmt, und sie lebt dafür, jeden Punkt auf ihrer Liste abhaken zu können.

Wie wir bei Eliane gesehen haben, stehen aber viel zu viele Dinge auf dieser Liste, und sie kann nie alles schaffen. Ein typisches Lebensmotto, das die Perfektionistin sich vorsagt, basiert auf dem «Alles oder Nichts»-Denken, das sie Dinge sagen lässt wie: «Bis auf zwei Sachen habe ich alles erledigt, was auf meiner Liste steht. Ich habe schon wieder versagt.»

Oder die Perfektionistin verallgemeinert, tappt in die «Immer-alles-Falle», vor allem wenn sie Fehler gemacht hat. Ein typisches Motto in diesem Fall lautet: «Immer vermassle ich alles. Nie mache ich etwas richtig.»

Das dritte Lieblings-Lebensmotto der Perfektionistin enthält stets das Wörtchen *sollte*, über das wir bereits gesprochen haben. Die Perfektionistin lebt unter der «Tyrannei des Sollte». Wenn sie ein Ziel nicht erreicht oder einen Fehler gemacht hat, fragt sie sich nicht: «Was kann ich daraus lernen?» oder: «Wie kann ich dafür sorgen, dass das nicht wieder vorkommt?» Nein, sie hadert mit sich selbst: «Ich hätte es wissen sollen. Das hätte ich wirklich schaffen sollen. Einmal und nie wieder!»

Ob Sie eine Perfektionistin vom Typ Helferin, Workaholic oder Herrscherin sind – es ist auf jeden Fall eine stressige Art zu leben. Nicht alle Supermütter sind Perfektionistinnen, aber ich begegne vielen, bei denen sich die entsprechenden Symptome zeigen. Sie stehen unter ungeheurem Stress und machen dafür ihren Terminkalender, die Kinder, den Mann, den Job und alles mögliche andere verantwortlich. Dabei liegt die Ursache in ihnen selbst.

Wir dürfen unseren Körper nicht so behandeln, als wäre er eine Maschine, die auf Dauerbetrieb ausgelegt ist. Um Selyes Prinzip zu wiederholen: Wir haben nur eine bestimme Menge an Anpassungsenergie. Wenn sie verbraucht ist, ist sie *verbraucht*.

Es würde uns darum nicht schaden, uns jeden Morgen Folgendes vorzusagen: «Sei heute nett zu dir. Du bist zerbrechlich, geh also sorgfältig mir dir um!»

Wie Sie die Latte tiefer legen und Stress vermindern können

Mein Rat an alle Supermütter (und Superväter) lautet: «Legen Sie die Hochsprunglatte Ihres Lebens tiefer, und treiben Sie sich nicht ständig zu neuen Höchstleistungen an!» Ich meine, Sie sollten sich das «Super» ganz aus dem Kopf schlagen und sich mit einem «Zufriedenstellend» oder «Guter Durchschnitt» zufrieden geben. Das reduziert nicht nur den Stress, sondern steigert letztlich Ihre Leistungsfähigkeit und Ihr Wohlbefinden. Im Folgenden ein paar Vorschläge, die sich bei meinen Klientinnen bewährt haben.

Wir haben bereits von dem grundlegenden Geheimnis zur Vermeidung von Stress gesprochen – von den richtigen Prioritäten (siehe Kapitel 5). Ich glaube darüber hinaus, dass jede Mutter – und vor allem die berufstätige Mutter – drei weitere Dinge lernen sollte:

- Gehen Sie Ihr Leben in kleinen Schritten an!
- Sagen Sie gelegentlich fröhlich und ohne schlechtes Gewissen: Nein!
- Versuchen Sie nicht, es allen recht zu machen!

Alle drei Fähigkeiten sind untrennbar mit dem Prioritätenmaßstab verbunden, den ich in Kapitel 5 erwähnt habe. Achten wir aber auch darauf, dass jeder der drei Tipps auf dem anderen aufbaut. Die erste Hürde besteht darin, sich nicht länger zum Sklaven der eigenen Listen mit all den unerledigten Dingen zu machen.

Wenn Sie es schaffen, Ihre Anforderungen an sich selbst etwas herunterzuschrauben und das Leben in kleineren Schritten anzugehen, werden Ihnen die nachfolgenden zwei Schritte viel leichter fallen. Wenn Sie sich erst einmal vorgenommen haben, weniger zu tun, ist es nicht mehr so schwer, auch einmal Nein zu sagen. Im Gegenteil, Sie müssen Nein sagen, damit Sie Ihrem Vorsatz überhaupt treu bleiben können.

Und wenn Sie erst einmal gelernt haben, Nein zu sagen, werden Sie sehr schnell feststellen, dass Sie es nicht allen recht machen können. Sie werden viel glücklicher leben können, wenn Sie gemerkt haben, dass nicht jeder Mensch auf dieser Welt Sie mögen muss.

Wie Helga ihre «Superliste» in den Griff bekam

Um zu zeigen, wie das funktionieren kann, wollen wir noch einmal auf Helga zurückkommen, unsere Supermutter, die das ganze Jahr über mit ihrem «Taxi» kreuz und quer durch die Stadt fuhr, um ihre drei Kinder zu ihren jeweiligen drei oder vier Aktivitäten abzuliefern und anschließend auch noch abzuholen. Ich habe übrigens Eltern kennen gelernt, die noch schlimmer dran sind als Helga. Ich habe Familien beraten, in denen jedes Kind mindestens sechs Hobbys hatte: Fußball, Flötenstunde, Klavierunterricht, Stepptanz, Ballett, Gymnastik – was man sich nur denken kann. Die Kinder wollten das anscheinend, und Supermutter lenkte ihr Privattaxi pflichtbewusst vom einen zum nächsten Termin.

Was also habe ich Helga geraten, die nicht nur kräftemäßig fast am Ende war, sondern auch in finanzieller Hinsicht spürte, dass die vielen Aktivitäten der Kinder ihre Spuren hinterließen? «Lassen Sie alle das Leben in kleineren Portionen genießen!», riet ich ihr. «Sagen Sie jedem Kind, es solle von drei oder vier Hobbys auf höchstens zwei reduzieren.»

Als Helga das hörte, schnappte sie erst einmal nach Luft. «Aber sie werden sich alle furchtbar aufregen», protestierte sie.

«Klar werden sie erst mal motzen», gab ich zu. «Aber sagen Sie ihnen einfach, dass sie nicht jeden Tag Disneyland erleben können. Kinder können im wahren Leben nicht auf jeder Bahn fahren. Das ist gar nicht gut für sie. Kinder brauchen eine Struktur, und sie brauchen Grenzen. Und für Sie ist das Ganze auch nicht gut. Wenn Sie keine Grenzen setzen, werden Sie durchdrehen, und zwar bald.»

«Aber wie soll ich es ihnen beibringen?», jammerte sie.

«Nun, das neue Schuljahr beginnt doch in ein paar Tagen. Sagen Sie den Kindern schon jetzt, dass sie im neuen Schuljahr nur ein oder zwei Sachen machen können, höchstens. Dann sind sie schon einmal vorgewarnt und haben Zeit zu überlegen, wofür sie sich entscheiden wollen.»

Als sie ging, murmelte sie vor sich hin: «Wie soll das weniger Stress geben? Das wird ja nur noch schlimmer!»

Aber sie befolgte meinen Rat und gab ihre Entscheidung bekannt. Natürlich protestierten die Kinder. Sie heulten wie die Kojoten, die wir hier in Arizona nachts oft hinter unserem Haus hören. Helgas Welpen gefiel die Neuigkeit überhaupt nicht. Sie meinten, sie hätten ein Recht auf all die tollen Aktivitäten, in die sie sich bisher hatten stürzen können.

Das erste Protestgeheul und Gejammer ihrer Kinder bedeutete für Helga tatsächlich zunächst mehr Stress. Doch es zeigte sich, dass es sich um die Art von Stress handelte, die bald abflaut und noch dazu nützlich ist. Als die Kinder erkannten, dass Helga sich nicht weich klopfen ließ, wurde das Leben für alle viel einfacher und friedlicher.

Helga verbrachte weit weniger Zeit in ihrem «Familientaxi». Und das Familienbudget wurde spürbar entlastet, denn viele der Hobbys, die die Kinder gepflegt hatten, waren recht kostspielig gewesen. So war zum Beispiel die jüngste Tochter eine Pferdenärrin und hatte sogar ein eigenes Pferd. Da die Familie mitten in der Stadt wohnte, hatten sie das Tier auf einer Farm ein paar Meilen außerhalb untergebracht. Folglich musste Mutter die zehnjährige Tochter fast jeden Tag zur Farm fahren, damit Kristin das Pferd füttern, den Stall ausmisten und danach ausreiten konnte.

Weil das Pferd also viel Zeit und Geld kostete, wurde Kristin vor die Wahl gestellt: Entweder das Pferd behalten und dafür alle anderen Aktivitäten streichen, oder das Pferd aufgeben und dafür zwei andere nicht so zeitaufwändige und kostspielige Hobbys betreiben.

Da Kristin ihr Pferd gern hatte, entschied sie sich dafür und lernte dabei etwas über Prioritäten und wie viel manche Dinge kosten.

Vielleicht finden Sie, Helga sei zu nachgiebig gewesen und hätte selbst nicht viel gewonnen, wenn sie Kristin weiterhin an fünf Tagen in der Woche zur Farm fahren musste. In diesem Fall machte ihr der Aufwand jedoch nichts aus, weil sie selbst Pferde liebte. Und die Fahrten zur Farm waren sogar erholsam und außerdem eine gute Gelegenheit, die Beziehung zu Kristin zu pflegen.

Auch die anderen beiden Kinder bekamen ein Limit gesetzt und konnten für die erlaubten zwei Hobbys nur ein bestimmtes Maß an Zeit und Geld aufwenden. Nachdem die ersten Tränen versiegt waren, stellte Helga fest, dass sie sich mit dem eingesparten Geld eine andere Annehmlichkeit leisten konnte: Sie konnte die Hemden ihres Mannes in die Reinigung bringen. So wurde sie eine Arbeit los, die ihr jede Woche schrecklich «gestunken» hatte.

«Sie hatten Recht», sagte sie im Herbst bei einem unserer letzten Gespräche. «Die Prioritäten neu zu ordnen, hat uns sehr geholfen. Ich leiste zwar immer noch eine Menge Taxidienste, aber irgendwie habe ich es jetzt besser im Griff.»

Weil ich wusste, dass Helga eine Erstgeborene, ein «Helfer»-Typ und eine Perfektionistin war, fragte ich sie: «Wie kommen Sie mit Ihrem Perfektionismus zurecht? Mit dem Wunsch, alles allein zu schaffen und alle glücklich zu machen?»

«Es war nicht leicht. Besonders schwierig war es, bei den Kindern Nein sagen zu müssen. Aber Sie hatten Recht. Wenn ich fest bleibe und es ertrage, dass sie mich einmal ein paar Tage lang nicht mögen, dann klären sich die Dinge meistens von selbst. Mir ist sogar aufgefallen, dass die Kinder auch glücklicher sind. Sie waren schon genauso gestresst wie ich.»

Nicht lange danach schloss Helga die Therapie ab. Mir ist bewusst, dass das Ganze ziemlich einfach klingt, wenn ich ihre Geschichte hier präsentiere. Nein, leicht war es nicht. Ich habe es bereits gesagt und will es noch einmal betonen:

Die Prioritäten richtig zu setzen und sich dann auch daran zu halten, ist eine der schwersten Aufgaben im Leben!

Gewohnheiten lassen sich nur schwer durchbrechen. Lebensstile und Leitsätze sind schwer zu verändern. Meist muss die Adaptationsenergie total verbraucht und bereits die Erschöpfungsphase erreicht sein, bis ein Mensch aufmerksam wird und bereit ist, etwas zu ändern. Aber ohne wirkliche Lebensänderungen werden alle «Entspannungstechniken» der Welt das Problem nicht lösen. Ich bin nicht gegen Entspannungstechniken und -methoden. Im Gegenteil, ich benutze sie sogar selbst. Darauf werde ich in Kapitel 9 und 10 über die berufstätige Frau noch zu sprechen kommen.

Eines der Phänomene, die das Leben in den vergangenen Jahrzehnten entscheidend beeinflusst haben, ist die Zahl der Frauen – und vor allem der Mütter –, die «draußen» einer bezahlten Arbeit nachgehen, damit die Familie finanziell über die Runden kommt. Und es liegt auf der Hand, dass die berufstätige Mutter automatisch in die Rolle der «Supermutter» gedrängt wird. Sie hat ihre ganz eigenen Probleme, die wir uns nun etwas näher ansehen wollen.

Kapitel 9

Die berufstätige Frau – Stresskandidatin Nummer eins

«Mir wächst alles über den Kopf, doch jeder erwartet, dass ich volle Leistung bringe»

Wir wollen sie einmal Nadine nennen. Ihren richtigen Namen kenne ich nicht, weil sie eine der vielen hundert Frauen war, die sich anonym an unserer Stress-Befragung beteiligten. Nadine ist zweiunddreißig, verheiratet und mit der Erziehung ihrer beiden sieben und vier Jahre alten Kinder voll ausgelastet. Ihre größte Stressquelle? «Versuchen, mit einem einzigen Einkommen zurechtzukommen, wo alle Welt heute zwei Verdiener hat.»

Da kann ich nur «Bravo» sagen und hoffen, dass ihre Familie auch in Zukunft mit einem einzigen Einkommen auskommt, vorausgesetzt natürlich, dass es sich dabei um das Einkommen des Mannes handelt und Nadine versucht, zu Hause zu bleiben und sich um Kinder und Haushalt zu kümmern. Aber während ich «Bravo» sage, ist mir klar, dass Nadine auf ziemlich verlorenem Posten steht. Die westliche Familie hat sich gewandelt, und das heißt, dass die Mütter den Vätern in die Arbeitswelt folgen. Manche begrüßen diese Entwicklung. Durch meine Tätigkeit weiß ich jedoch, dass es sich in vielen Fällen um eine Entwicklung zum Schlechteren handelt – vor allem wenn wir davon reden, wie man Stressattacken vermeiden und sich vor dem Durchdrehen schützen kann.

Wie schon erwähnt, sind nach den neuesten Statistiken 56 Prozent der Mütter mit Kindern unter 18 Jahren berufstätig – voll- oder teilzeitlich. Viele dieser Mütter sind außerdem allein erziehend oder leben in zweiter oder sogar dritter Ehe. Die Statistiken besagen ferner, dass nur 14 Prozent der amerikanischen Familien noch nach «traditionellem» Muster leben, das heißt in erster Ehe, wo Vater hinausgeht, um die sprichwörtlichen Brötchen zu verdienen, und Mutter zu Hause bleibt, um den kleinen Wadenbeißern die Nasen zu putzen.

Nicht, dass Wadenbeißer beaufsichtigen de facto keine Arbeit wäre. «*Alle* Mütter arbeiten», meinte eine von ihnen in der Umfrage gequält. «Aber die Glücklichen werden dafür auch bezahlt!»

Wie glücklich sie wirklich sind, ist die Frage. Keine Frage besteht allerdings im Blick auf die wirtschaftlichen Gegebenheiten der heutigen Zeit. Viele Familien brauchen zwei Verdiener, um überhaupt über die Runden zu kommen. Ein großer Posten ist das eigene Haus. Viele Frauen nehmen einen Job an, um die Hypotheken für das Eigenheim abzuzahlen (oder die horrende Miete für die Wohnung aufzubringen).

Dazu kommt der soziale Druck. Viele Frauen wollen «richtig» (!?) arbeiten und nicht «nur Hausfrau» sein. Der wirtschaftliche und der soziale Druck ist sehr real, nicht weniger real sind aber die Probleme, die damit einhergehen, dass Mutter das Haus verlässt, um Geld zu verdienen. Ich habe Mitleid mit den berufstätigen Müttern, weil ich weiß, dass sie vor allem von drei großen Fragen gequält werden:

- Wer kümmert sich um die Kinder?
- Wie werde ich mit meinen sich dauernd meldenden Schuldgefühlen fertig?
- Inwieweit belastet meine Berufstätigkeit meine Ehe?

Gewiss, viele berufstätige Mütter müssen sich mit Punkt drei nicht auseinandersetzen, weil sie Singles sind. Darauf werden wir in Kapitel 10 zu sprechen kommen. Zunächst möchte ich auf die Frau eingehen, die verheiratet ist, ein paar Kinder hat und aus den unterschiedlichsten Gründen voll- oder teilzeitlich im Erwerbsleben steht.

Nehmen wir als Beispiel ein typisches amerikanisches Ehepaar. Richi arbeitet bei einer Fluggesellschaft und verdient um die 40 000 Dollar im Jahr. Betty ist Marketingleiterin in einer kleineren Textilfabrik in der Stadt und bringt rund 29 500 Dollar nach Hause. Sie haben zwei Kinder, das eine drei Jahre, das andere ein Jahr alt.

Ihr Haus steht in einem ländlichen Vorort, mit «baumbestandenem Grundstück, Pool und Sauna, Gourmet-Küche mit hohem Ausbaustandard, Garage für drei Fahrzeuge» und so weiter.

Natürlich entspricht der Hypothekenzins dem «hohen Ausbaustandard», und die Raten für die beiden Autos, einen Minivan und einen Sportwagen, sind auch nicht von schlechten Eltern. Was können sie, vor allem was kann Betty, im Blick auf die drei oben genannten Fragen unternehmen?

Wer kümmert sich um meine Kinder (und meine Schuldgefühle)?

Es ist faszinierend, wie unsere Sprachgewohnheiten sich im Lauf der Jahrzehnte verändern. In den Sechziger- und Siebzigerjahren des 20. Jahrhunderts und noch früher sprach man davon, dass man einen «Babysitter» brauchte. Dann ging es darum, die beste «Tagesstätte» oder den richtigen «Kindergarten» zu finden. Und heute sucht die Mutter kleiner oder auch nicht mehr so kleiner Kinder, die weiter berufstätig sein will, nach einer Betreuerin oder «Tagesmutter». Der Gedanke, der sich dahinter verbirgt, ist leicht zu durchschauen. Wenn wir außer Haus arbeiten, wollen wir, dass unsere Kinder liebevoll und kompetent versorgt, beschützt und wenn nötig auch zurechtgewiesen werden. Eine Tagesmutter scheint dazu viel besser in der Lage als ein Babysitter oder eine Kindergärtnerin.

Ich mag ja altmodisch sein, aber ich habe Probleme damit, wie unser psychologischer und soziologischer Jargon sich an die «Anforderungen der Zeit» anpasst – also daran, was die Menschen zu brauchen meinen. Ich habe gelesen, dass die «Experten» vorschlagen, ein Elternteil sollte versuchen, zumindest die ersten vier Monate bei dem Neugeborenen zu Hause zu bleiben, bevor eine Betreuungsperson gesucht wird und man wieder in den Beruf einsteigt. Zunächst einmal müsse eine Beziehung zwischen Mutter und Kind aufgebaut werden. Gemeint ist eine emotionale Beziehung zwischen Mutter und Kind, die ein Leben lang hält. Ich glaube zwar auch, dass eine solche Beziehung erstrebenswert und notwendig ist. Für die Vorstellung, dass man innerhalb von vier Monaten diese Beziehung zu seinem Kind aufbauen und dann im Glauben, nun sei alles Entscheidende getan, mit dem Aktenköfferchen unterm Arm zur Tür hinausstürmen kann, habe ich allerdings meinen eigenen Fachausdruck: «Quatsch!» Man kann nicht in vier Monaten eine tragfähige Beziehung zu einem Kind aufbauen. Das Band zu den Kindern muss über Jahre hinweg gepflegt werden, bis sie erwachsen sind.

Die Frage lautet also: Können Sie wieder ins Berufsleben einsteigen und trotzdem eine enge emotionale Beziehung zu Ihrem Kind aufbauen? Meine Antwort heißt: «Ja, wenn Sie etwas dafür tun – wenn Sie *viel* dafür tun.» Die berufstätige Mutter muss ihr Kind tagsüber vielleicht tatsächlich einer anderen Person anvertrauen. Aber sie wird nie erwarten, dass diese Betreuerin ihrem Kind die Mutter ersetzt.

Die meisten Mütter wissen das instinktiv, und darum haben viele mit so heftigen Schuldgefühlen zu kämpfen, wenn sie außer Haus arbeiten und ihre Kinder in der Obhut einer anderen Person zurücklassen. Es klingt vielleicht besser, wenn man diese andere Person «Tagesmutter» nennt. Trotzdem zuckt die Mutter innerlich zusammen, wenn sie an all die schönen Augenblicke denkt, die sie nun nicht mitbekommt – wie zum Beispiel die ersten Schritte ihres Kindes –, oder auch die nicht so schönen, wenn das Kind für irgendetwas bestraft werden muss.

Es gibt Unmengen von Büchern darüber, wie Sie «es als berufstätige und sogar allein erziehende Mutter schaffen können, auf nichts zu verzichten». Was aber passiert an dem Morgen, an dem Ihr Kind Fieber hat, mit trüben Augen hinter Ihnen hersieht, wenn Sie zur Tür gehen, und bettelt: «Mama, geh nicht fort. Mir ist nicht gut»? Es gibt kein Buch, das Ihnen hilft, das mulmige Gefühl im Magen loszuwerden, das Sie in diesem Augenblick befällt.

Die beste Lösung wäre natürlich, im Büro anzurufen und zu sagen: «Ich komme heute nicht, mein Kind ist krank.» Wenn Sie in der Hackordnung hoch genug stehen, mag das funktionieren. Wenn nicht, bekommen Sie vielleicht irgendwann die Kündigung. Und selbst wenn Sie sich selbst «krankmelden», haben Sie mit Schuldgefühlen zu kämpfen, diesmal im Blick auf die Arbeit, weil Sie die Kolleginnen im Büro «im Stich» lassen. Und nicht zu vergessen: Diese Kolleginnen möchten ja auch «auf nichts verzichten», unter Umständen nicht einmal auf Ihren Job. Also doch lieber nicht im Büro anrufen. Schließlich soll der Chef Sie nicht für unzuverlässig halten, weil Sie «Kinder am Bein haben»!

Nebenbei bemerkt bin ich der Meinung, dass die Arbeitswelt noch immer nicht an die gewandelten Verhältnisse angepasst worden ist. Berufstätige Eltern hätten viel weniger Stress, wenn sie flexible Arbeitszeiten, großzügigeren Elternurlaub und firmeneigene Kindertagesstätten hätten.

Ist die Sauna es wirklich wert?

Es ist leicht, die berufstätige Mutter auseinander zu nehmen und an ihren Schuldgefühlen aufzuhängen. Aber gibt es nicht auch ein paar praktische Antworten, mit deren Hilfe sie Stress vorbeugen oder bekämpfen könnte? Ich habe drei Vorschläge:

1. Prioritäten
2. *Prioritäten*
3. PRIORITÄTEN

Zunächst einmal schlage ich vor, dass die berufstätige Mutter ihren Prioritätenmaßstab hervorholt und sich darüber Gedanken macht, wie nötig ihre Berufstätigkeit jetzt, wo die Kinder noch klein sind, wirklich ist. Sind Swimmingpool oder Sauna es wirklich wert? Gäbe es eine Möglichkeit, bei Kleidung, bei Ausgaben für Unterhaltung und bei Autos kürzer zu treten und zu Hause zu bleiben, zumindest in diesen entscheidenden Jahren, in denen sich die Persönlichkeit des Kindes, sein Lebensstil und sein Lebensmotto herausbilden?

Manche Mütter tun das. Drei davon wurden kürzlich in einer Zeitschrift vorgestellt. Die Redaktion hatte ihre Leserinnen gefragt: Was halten Sie von einer Frau, die meint, sie gehöre ins Haus zu ihrem Kind, obwohl Mann und Freunde das nicht gut finden?

Da war zum Beispiel die sechsunddreißigjährige Sandra, die nun nicht mehr fünfundzwanzig Kinder in einer Schulklasse unterrichtete, sondern sich mehr Zeit für ihre eigenen zwei Kinder nahm. Die Wutanfälle ihres Sohnes legten sich umgehend, und die Tochter hörte auf, das Bett zu nässen. Ihr Mann jedoch mochte sich nicht damit abfinden, dass das zweite Einkommen fehlte und er nun allein für den Lebensunterhalt aufzukommen hatte. Er begann sie mit kleinen spitzen Bemerkungen zu ärgern wie: «Irgendjemand muss in diesem Haus ja das Geld verdienen.» Es gelang ihr zwar, mit ihm darüber zu sprechen, die Spannung blieb aber bestehen, und Sandra hatte weiterhin das Gefühl, er meine, sie wolle einfach nur kneifen.

Wäre es nicht toll, wenn in unserem Land ein paar familienfreundliche Steuerreformen durchgeführt werden könnten? Mit einer Art Steuergeschenk für nicht (außer

Haus) arbeitende Mütter, das sie (und auf lange Sicht betrachtet auch ihre Familien) belohnen würde?

Eine meiner Klientinnen gab ihre Berufstätigkeit zwar nicht ganz auf, aber sie setzte ein paar neue Prioritäten, um ihre Probleme zu lösen. Lucy, vierunddreißigjährige Mutter einer zwölfjährigen Tochter, nahm eine Teilzeitstelle an, die verhältnismäßig gut bezahlt wurde. Allerdings musste sie nachmittags arbeiten, wenn Lisa aus der Schule kam. Um die Kosten für eine Betreuung zu sparen, ließ sie Lisa als «Schlüsselkind» heimkommen. Zwar hatte sie ein schlechtes Gewissen, weil sie ihre Tochter nicht zu Hause erwarten konnte, aber sie beruhigte sich: «Lisa ist reif für ihr Alter. Sie schafft das schon.»

Das änderte sich an dem Tag, an dem Lisa beim Ladendiebstahl erwischt wurde. Lucy nahm ihren Prioritätenmaßstab hervor und begann schnell ein paar Berechnungen anzustellen. Sie hatte das Gefühl, sie müsse arbeiten, damit ihr zu Hause nicht die Decke auf den Kopf falle. Doch der Preis war zu hoch, wenn ihre Tochter deshalb in Schwierigkeiten geriet. Lucy kündigte darum ihre gut bezahlte Stelle und nahm einen schlechter bezahlten Job an, der es ihr aber erlaubte, eine Stunde vor Lisa nach Hause zu kommen.

Lucys Geschichte zeigt, wie ein Stress verursachendes Problem oft mit ganz einfachen Mitteln gelöst werden kann. Erstaunlich ist, wie wenige Mütter tatsächlich etwas ändern wollen. Lieber bringen sie ihre Kinder zu mir, damit ich sie «repariere». Dabei müsste die Prioritätenliste der Eltern ganz dringend «repariert» werden. Die Stelle zu wechseln oder den Tagesablauf zu ändern, mag nicht ganz einfach sein. Aber es ist längst nicht so schlimm, wie wenn die Polizei zu Hause anruft und sagt: «Frau Müller? Wir haben Ihre Tochter hier auf der Wache, weil sie beim Ladendiebstahl erwischt wurde. Können Sie kommen?»

Kurzanleitung zur Auswahl einer Betreuungsperson

Die Geschichten von Sandra und Lucy zeigen einige Möglichkeiten auf, die berufstätige Mütter haben – zumindest viele von ihnen. Was aber ist mit der Mutter, die weder ihre Stelle aufgeben noch eine andere mit günstigeren Arbeitszeiten suchen kann? Was machen Sie, wenn Sie auf das Geld angewiesen sind? (Das Haus ist immer noch nicht bezahlt. Sie haben zwar weder einen Pool noch eine Sauna noch eine Gourmet-Küche, aber Sie müssen Ihrem Mann trotzdem helfen, die Rechnungen zu begleichen.)

Auch dann sind die richtigen Prioritäten meiner Überzeugung nach der Schlüssel zur Lösung der Probleme. Wenn Sie eine Betreuungsperson brauchen, dann machen Sie es sich zur Priorität, die beste zu suchen. Je besser Ihr Kind betreut wird, desto weniger werden Sie sich mit Schuldgefühlen quälen.

Kay Kuzma geht in ihrem exzellenten Buch *Prime-Time Parenting*, das sich besonders an Familien richtet, in denen beide Elternteile arbeiten, ausführlich darauf ein, wie man die beste Betreuung findet. Sie nennt verschiedene Alternativen, zum Beispiel:

- Ein junges Mädchen oder eine Verwandte, die im Haus wohnt. Das kann eine fest angestellte Haushälterin sein oder eine Studentin, die Ihnen gegen Kost und Logis im Haushalt hilft.

- Ein Babysitter, der zu Ihnen ins Haus kommt. Das ist besonders gut, wenn Sie kleinere Kinder haben, die ihre vertraute Umgebung brauchen.
- Eine diplomierte «Tagesmutter», die mehrere Kinder bei sich zu Hause betreuen darf.
- Eine Freundin oder Verwandte, die Ihr Kind bei sich zu Hause betreut.
- Eine andere Mutter, die sich bei der Betreuung mit Ihnen abwechselt.
- Gruppenbetreuung, ob Kindergarten oder Tagesstätte.
- Ein Babysitter-Pool. Auch hier wechselt man sich bei der Betreuung der Kinder ab, allerdings in etwas größerem Rahmen.
- Eine Spielgruppe, wo fünf oder sechs Mütter sich zusammentun, um den Kindern ein Vormittags- und ein Nachmittagsprogramm anzubieten. Die Spielgruppe findet nach dem Rotationsprinzip jeden Tag oder jede Woche bei einer anderen Mutter statt. Eine Mutter ist also für alle Kinder verantwortlich, während die anderen ein paar freie Stunden haben (für die berufstätige Mutter allerdings keine geeignete Lösung.)
- Ein auf Elterninitiative geführter Kindergarten oder eine Tagesstätte. Hier müssen alle Eltern oder Elternteile eine gewisse Anzahl Tage oder Arbeit investieren oder eine andere Dienstleistung erbringen (wiederum für berufstätige Eltern nicht unbedingt geeignet).

Im Kapitel «Sharing the Child-Care Responsibility» («Die Verantwortung für die Betreuung der Kinder teilen») fügt Kay Kuzma eine Checkliste an, wie man die beste Betreuung findet. Die Liste enthält einige hervorragende Anregungen und Ideen, die Sie unbedingt beachten sollten (siehe Seite 184). Meiner ganz und gar subjektiven Meinung nach geschieht die beste Betreuung durch eine Person vom eher großmütterlichen Typ, die bereit und fähig ist, Ihrem Kind die liebevolle Strenge entgegenzubringen, die es in dieser so entscheidenden Phase seines Lebens braucht. Ich denke, uns entgeht heute etwas ganz Wunderbares, weil wir kaum mehr Gelegenheiten schaffen, wo die ganz jungen und die älteren Menschen zusammen sein und einander bereichern können. Unsere Kinder brauchen Fürsorge, die ältere Generation braucht das Gefühl, gebraucht zu werden.

Wenn alle Beteiligten damit glücklich und zufrieden sind, können Großeltern die natürlichste und nächstliegende Lösung sein. Aber beachten Sie, dass ich geschrieben habe: «Wenn alle Beteiligten damit glücklich und zufrieden sind». Wenn Ihre Eltern oder die Eltern Ihres Mannes in der Nähe wohnen, kann es sehr verlockend sein, die Großeltern immer wieder als kostenlose Babysitter einzuspannen. Manche Großeltern sind auch gern bereit, einer berufstätigen Tochter oder Schwiegertochter auszuhelfen und sich um die Enkelkinder zu kümmern. Doch es gibt andere, die das Gefühl haben, nun hätten sie sich lange genug um Kinder gekümmert. Nun wollten sie endlich einmal Zeit für sich selbst haben. Falls Sie also die Großeltern als Betreuungspersonen einzusetzen gedenken, achten Sie darauf, dass Sie alle möglichen Auswirkungen ausführlich besprechen.

Vergessen Sie dabei auch nicht, dass die Großeltern einer anderen Generation angehören, die ein anderes Wertesystem hatte. Ich stelle in der Beratung häufig fest, dass gerade die Großeltern für die berufstätige Mutter eine primäre Ursache von Stress und Schuldgefühlen sein können, weil man es «zu unserer Zeit ganz anders gemacht hat».

Vielleicht ist Ihnen die Szene nicht unbekannt: Da ist die junge Mutter, die versucht, den Anforderungen am Arbeitsplatz gerecht zu werden, ohne dass ihre Ehe davon beeinträchtigt wird, und dann auch noch dafür zu sorgen, dass die Kinder immer sauber, adrett gekleidet und wohlerzogen sind. Und was tun Großvater und Großmutter? Sie schießen aus der sicheren Entfernung des Alters per Brief oder Telefon (die ganz modernen per E-Mail) die Giftpfeile ihrer Missbilligung und Kritik ab. (Die *schlimmsten* Anrufe bekommt Mama von besorgten Eltern oder Schwiegereltern, die nicht verstehen können, warum sie sich «im Büro selbst verwirklichen muss und dafür Klein-Andrea den ganzen Tag im Stich lässt».)

An erster Stelle kommt der Partner

Die Missbilligung von Eltern oder Schwiegereltern kann für Ihre Ehe, die womöglich ohnehin schon darunter leidet, dass Sie so viel Zeit außer Haus am Arbeitsplatz verbringen, zu einer außerordentlichen Belastung werden. Umfragen zeigen, dass Frauen tatsächlich länger arbeiten als Männer, und damit bleibt für die Familie zu Hause noch weniger Zeit – besonders für den Göttergatten. Wenn Sie die Kinder aus der Tagesstätte geholt, das Abendessen zubereitet, aufgeräumt und die Kinder ins Bett gebracht haben, bleibt für Romantik wenig Zeit.

Das Schlimmste, was Ihnen passieren kann, ist, dass Ihr Mann früh Feierabend gehabt hat, direkt nach dem Abendessen zu einem Mitarbeitertreffen in der Gemeinde verschwunden ist und dann, zwischen zehn und elf Uhr abends, ankommt und noch ein bisschen «schmusen» will. Da sind Konflikte vorprogrammiert. Ihnen ist jetzt nämlich keineswegs mehr nach «Schmusen» zumute. Sie sind hundemüde und wollen nur noch den Stress in Ihrem Wasserbett ersäufen.

Erinnern Sie sich noch an Rahel, die Supermutter, die an fünf Tagen in der Woche fünfzehn Vorschulkinder betreute, und ihren Mann Andi, der Überstunden machte und zu Hause keine große Hilfe war? Der Schlüssel zur Lösung ihres Problems lag nicht darin, dass Rahel die Arbeit aufgab (was sie tat). Er lag auch nicht darin, dass sie sich ein Hobby suchte (was sie auch tat). Der Schlüssel lag darin, dass beide es lernten, einander auf ihrer Prioritätenliste an die erste Stelle zu setzen. Einer meiner Standardtipps für Ehepartner, die unter Spannungen, Druck und Stress leiden, ein Tipp, den ich auch Rahel und Andi gab, lautet: Fahren Sie miteinander fort, ohne die Kinder! Erleben Sie was Schönes miteinander, reden Sie miteinander und lieben Sie sich.

«Und wenn Sie keine andere Möglichkeit haben», sage ich einem solchen Paar, «dann buchen Sie wenigstens eine Nacht im nächsten Hotel.»

Es ist eigenartig, wie schwierig es ist, die Menschen von ihrem stressigen Lebensrhythmus abzubringen. Lieber machen sie so weiter wie bisher und steuern geradewegs auf Erschöpfung, Burn-out und Herzinfarkt zu. Sie sagen: «Das können wir uns nicht leisten.»

«Wir müssen beide arbeiten.»

«Wir haben schließlich unsere Verpflichtungen – und wir können doch unsere Kinder nicht im Stich lassen.»

Auf all diese schwergewichtigen Einwände erwidere ich nur eines: «Quatsch!»

Vielleicht sind Sie wirklich knapp bei Kasse. Aber Sie können es sich nicht leisten, *nicht* wenigstens einen kleinen Teil Ihres bescheidenen Einkommens dafür abzuzweigen, auch einmal etwas Schönes miteinander zu erleben und Zeit zu schaffen, miteinander zu reden.

Vielleicht ist es wirklich nötig, dass Sie beide arbeiten. Aber arbeiten Sie beide an sieben Tagen in der Woche? (Wenn ja, dann sollten Sie wenigstens das ändern, und zwar möglichst schnell.)

Ja, Sie haben beide Ihre Verpflichtungen. Aber Ihre wichtigste Verpflichtung sind Sie selbst. Und was die Kinder angeht: Auch sie profitieren letztlich, wenn Sie erholt und entspannt zurückkommen.

Klaus und Judith engagierten eine Studentin

Je besser Mann und Frau zusammenarbeiten, desto besser werden sie Stress bewältigen oder vermeiden können. Die Hausarbeit ist zum Beispiel eine klassische Stressquelle für die berufstätige Mutter. Ich sage meinen Klientinnen oft: «Was braucht eine berufstätige Frau, wenn sie am Abend von der Arbeit nach Hause kommt, am nötigsten? Eine ‹Ehefrau›, die sie mit einer Tasse Kaffee empfängt und ihr all das aufzählt, was sie im Lauf des Tages im Haus bereits erledigt hat.» Wenn der Ehemann diese «Ehefrau» sein kann, um so besser. In vielen Fällen kämpft er aber zu dieser Zeit selbst noch mit dem alltäglichen Feierabendstau. Das berufstätige Ehepaar muss also Prioritäten setzen und überlegen, wie es – wenn nötig auch eine bezahlte – Hilfe finden kann.

Klaus und Judith arbeiteten beide und kamen zu mir, weil die Lage «einfach zu angespannt» war. Ich brauchte nicht lange, um herauszufinden, dass der «Feierabend» eine Hauptstressquelle war. Im Klartext: In der Zeit zwischen fünf und sieben Uhr abends herrschte bei ihnen der reinste Zirkus. Wenn Klaus keine Spätschicht hatte, kam Judith später. Die Kinder hatten die verschiedensten Hobbys, von denen sie vor dem Essen abgeholt werden mussten, und an manchen Abenden in der Woche mussten sie bereits um Viertel vor sieben wieder irgendwo anders sein, in einem Verein oder der Jugendgruppe der Kirche.

Mein erster Vorschlag war, die Aktivitäten etwas einzuschränken, aber davon wollten Klaus und Judith nichts wissen. Sie meinten, alles, was die Kinder taten, sei wichtig und aller Mühe wert. Also schlug ich vor, zeitweise eine Hilfe anzustellen, und weil ich Beziehungen zu einer Hauswirtschaftsschule hatte, gelang es mir, eine neunzehnjährige Studentin anzuheuern, die bereit war, jeden Nachmittag gegen halb fünf zu kommen und die drei Kinder zu betreuen, das Abendessen vorzubereiten und hinterher aufzuräumen.

Dank dieser Hilfe an fünf Tagen in der Woche kamen Klaus und Judith sich vor wie im siebten Himmel. Weil beide gut verdienten, war die finanzielle Seite kein Problem. Sie waren bereit, die Studentin gut zu bezahlen, und es stellte sich heraus, dass die junge Frau sich hervorragend mit den Kindern verstand und noch dazu ausgezeichnet kochen konnte!

In diesem Fall durfte ich erleben, dass der Mann bereit war, seiner Frau die nötige Hilfe zuzugestehen. Viele andere Männer dagegen weigern sich «aus Sparsamkeitsgründen» (und auf Kosten der Beziehung zu ihrer Frau), eine Haushaltshilfe zu engagieren und wollen lieber «allein zurechtkommen» – was meist heißt, dass die Frau die Arbeit tun muss. Berufstätige Frauen, die bei ihren Männern ganz oben auf der Prioritätenliste stehen, können wirklich von Glück reden. Oft sage ich ihnen: «Wenn Sie einen guten Mann haben, dann halten Sie ihn fest. Männer sind nicht leicht zu erziehen.»

Dr. Dobson beantwortet meine Frage

Ein Mann kann leicht sagen: «Meine Frau ist für mich die Nummer eins.» Ich kenne viele Männer, die das im Brustton der Überzeugung behaupten – ich gehöre auch dazu. Aber die Frau dann auch wirklich entsprechend zu behandeln, das fällt uns Männern oft schwer. Das Leben – und vor allem der Terminkalender – lassen dafür nicht viel Spielraum.

Ich erinnere mich an ein Gespräch mit dem bekannten christlichen Familienberater James Dobson, das ich nach einem Interview für seine Radiosendung «Focus on the Family» mit ihm führte. Ich war damals viel unterwegs und häufig von zu Hause fort gewesen und begann das allmählich in mehr als nur einer Hinsicht zu spüren. Ich wusste, dass James das Problem aus eigener Erfahrung kannte, und fragte ihn: «Was rätst du mir – einem Ehemann und Vater, der ständig durchs Land reist, auf Tagungen und Konferenzen spricht und sehr viel von zu Hause fort ist?»

James zögerte keine Sekunde. «Kevin», sagte er, «bevor du irgendetwas entscheidest und unternimmst, besprich es zuerst mit Sandy.»

Er wollte damit sagen: Wenn die Termine sich häufen, kann sie mir helfen zu entscheiden, welche ich wahrnehmen soll – und welche nicht.

Das ist für jeden Mann ein guter Rat – und auch für jede Frau im Umgang mit ihrem Mann. Wenn Mann und Frau einander achten und einander fragen: «Was meinst du? Deine Meinung ist mir wichtig!», dann geschieht zweierlei. Ihre eheliche Beziehung ist keine Stressquelle mehr, sondern sie wird zu einer Kraftquelle. Wenn Eheleute sich gegenseitig respektieren, bekommen beide neue Energie, um mit dem Druck und den Spannungen fertig zu werden, die ihnen tagtäglich bei der Arbeit begegnen, ganz zu schweigen von den Problemen zu Hause mit den Kindern, ob beim Aufstehen, beim Abendessen, beim Waschen oder Zubettgehen.

Was aber geschieht, wenn Sie alles allein schaffen müssen? Kindererziehung und Beruf? Ich berate viele allein stehende Frauen, die behaupten, sie seien froh, «das alte Ekel endlich los zu sein», weil die Beziehung sie nur beide kaputt gemacht habe. Wie wir sehen werden, zahlen sie für diese «Freiheit» allerdings einen hohen Preis.

Wie finde ich die richtige Betreuung für mein Kind?

Art der Betreuung

1. Wird die Betreuung den momentanen Bedürfnissen meines Kindes gerecht?
2. Ist sie seinem Alter angemessen?
3. Wie lange wird diese Form der Betreuung für mein Kind die richtige sein?
4. Entspricht diese Art der Betreuung auch meinen eigenen Bedürfnissen?

Die betreuende Person

1. Bin ich überzeugt, dass diese Person die beste ist, die ich für mein Kind finden kann?
2. Hat die Person ein besonderes Interesse an meinem Kind?
3. Hat sie eine gutes Verhältnis zu meinem Kind?
4. Ist sie in der Lage, mein Kind auch zu strafen, liebevoll, aber bestimmt?
5. Unterstützt sie mich?
6. Ist sie bereit, mit mir nicht nur über die Fortschritte meines Kindes, sondern auch über Probleme zu reden?
7. Kann sie nicht nur mein Kind, sondern auch mich ermutigen?
8. Bin ich überzeugt, dass sie sich bei einem Notfall umsichtig und korrekt zu verhalten weiß?

Aktivitäten

1. Sind die Aktivitäten, an denen mein Kind teilnimmt, altersgemäß?
2. Hat mein Kind genügend Freiraum und kann es im entsprechenden Rahmen selbst darüber bestimmen, womit es sich beschäftigen und spielen will und wann?
3. Kann es sich seinen eigenen Fähigkeiten entsprechend beschäftigen, ohne dass von ihm verlangt wird, sich so zu verhalten wie die anderen Kinder?
4. Stehen genug Beschäftigungen, Spielzeug und andere Materialien zur Verfügung, die mein Kind zum Lernen ermutigen?

Umgebung

1. Ist die Umgebung zweckmäßig, gesund und sicher?
2. Ist das Essen gut, und gibt es regelmäßig etwas zu essen?
3. Werden regelmäßige Ruhephasen eingeplant, ohne dass auf das Kind Zwang ausgeübt wird?
4. Ist für eventuelle Notfälle genügend vorgesorgt?

Verschiedenes

1. Ist mein Kind glücklich und zufrieden?
2. Erzählt mein Kind Positives über die Betreuung?
3. Akzeptiert es die Situation? Freut es sich auf die Betreuung?
4. Zeigt mein Kind Verhaltensweisen, die darauf schließen lassen, dass es nicht glücklich ist? Schlafstörungen? Weint es häufig? Fällt es in Verhaltensweisen einer früheren Phase zurück? Ist es aggressiv, zerstö-

rerisch, unruhig? Zieht es sich zurück? Zeigt es Anzeichen von Nervosität wie Nägelkauen, an den Haaren drehen usw.?

5. Sind die Kinder, mit denen es zusammen ist, so, wie ich mir seine Freunde vorstellen würde?

Kapitel 10

Die allein erziehende Mutter trägt eine doppelte Last

«Ich bin es so müde, stark zu sein»

«Glück ist, Single zu sein», heißt es auf einem Aufkleber. Aber ich frage mich, ob das wirklich stimmt. Gewiss, immer mehr Frauen sind ganz offensichtlich dieser Ansicht. Sie haben die Nase voll und wollen nur noch raus. Sie wollen den Stress und Schmerz endlich loswerden. Aber wenn sie es dann geschafft haben und aus dem Gefängnis einer schlimmen Ehe ausgebrochen sind, sind sie dann glücklich und zufrieden? In der Regel nicht.

Wir dürfen im Übrigen nicht vergessen, dass viele Frauen es sich nicht ausgesucht haben, allein erziehende Mütter zu sein. Manche sind verwitwet, und die meisten geschiedenen Mütter sind geschieden, weil ihre Männer das Glück anderswo gesucht haben. Welche Geschichte auch immer dahinterstehen mag, in jedem Fall gilt: Die allein erziehende Mutter trägt eine doppelte Last.

Eine zweiunddreißigjährige Mutter – ich will sie Margret nennen – erwiderte auf meine Bitte, die Stressquellen in ihrem Leben zu beschreiben: «Was Stress ist? Stress ist, wenn man die Kinder allein erziehen muss, wenn man finanziell nicht zurechtkommt und im Beruf unzufrieden ist. Ich bin seit zehn Jahren ohne Partner und sehe nicht, wie sich das ändern sollte. Ich habe Angst vor dem Alleinsein, ich habe Angst davor, allein alt zu werden ...»

Und wie wird Margret damit fertig, zum einen unter dem eigenen Alleinsein zu leiden und dann noch zusätzlich eine fünfzehnjährige Tochter zu haben, mit der sie sich auseinander setzen muss? «Manchmal versuche ich meine Tochter einfach zu ignorieren. Ich habe weder Lust noch Kraft, mich mit all den Problemen zu beschäftigen ...»

Dazu kommt der Beruf. Margrets letzter Hilferuf vor dem Zusammenbruch: «Ich bin es so müde, stark zu sein.»

Ein Rat für die allein erziehende Mutter: Keine Panik!»

Vieles, was wir für die verheiratete berufstätige Frau gesagt haben, gilt auch für die allein stehende Mutter, die versucht, die Kinder zu erziehen und nebenher noch zu arbeiten. Allein Erziehende haben jedoch noch ganz eigene Probleme, und allein erziehenden Müttern rate ich unter anderem Folgendes:

1. *Eine allein erziehende Mutter sollte nie versuchen, auch noch die Vaterrolle zu übernehmen.* Ich rate jeder allein erziehenden Mutter, nicht mit ihren Söhnen Fußball zu spielen. Eine Mutter sollte Mutter sein und Großväter, Onkel oder andere männliche Familienmitglieder als männliche Rollenvorbilder präsentieren, falls der Vater im Leben seiner Kinder keine aktive Rolle mehr spielt. Wenn das nicht klappt, sehen Sie sich in Ihrer Kirchgemeinde um, ob es dort nicht Männer gibt, die Ihren Kindern zur Seite stehen können.

Ich will in diesem Zusammenhang auf Folgendes hinaus: *Niemand kann die Rolle beider Elternteile übernehmen.* Sie sind Ihren Kindern eine weit bessere Hilfe, wenn Sie Sie selbst sind und versuchen, unter den gegebenen Umständen die beste Mutter zu sein.

2. *Setzen Sie es sich als oberstes Ziel, eine gute Betreuung für Ihre Kinder zu finden.* Lesen Sie noch einmal sorgfältig die Punkte über die Kinderbetreuung in Kapitel 9 durch. Und hören Sie auf einen guten Rat: Drängen Sie Ihre Kinder wenn eben möglich nicht Verwandten, Freundinnen oder Nachbarinnen auf, die «nur Hausfrauen und Mütter» sind (das heißt: die keiner Berufstätigkeit außer Haus nachgehen). Da die allein erziehende Mutter so unter Druck ist, denkt sie vielleicht unwillkürlich: «Sicher kann ich Christina bitten, sich um meine Kinder zu kümmern. Sie hat ja schließlich einen Mann – und außerdem arbeitet sie nicht!»

Der gestressten und verzweifelten allein erziehenden Mutter mag ein solcher Gedanke total logisch und nahe liegend erscheinen, aber wenn sie ihm nachgibt, könnte sie sehr schnell Freundinnen verlieren und Verwandte vergraulen. Das beweist der folgende Leserbrief einer Frau aus Texas. Die Frau reagierte damit auf einen Artikel in einer großen Zeitschrift, in dem Müttern von Schlüsselkindern geraten worden war: «Scheuen Sie sich nicht, Nur-Hausfrauen aus der Nachbarschaft zu bitten, auf Ihre Kinder aufzupassen, während Sie arbeiten.» Darauf hagelte es etwa hundert Leserbriefe von erzürnten «Nur-Hausfrauen und Müttern», darunter den jener besagten Frau aus Texas, den ich jetzt zitieren will:

Ich habe Ihre Kolumne über Kinder gelesen ... und ich bin amüsiert, wie sehr Sie sich trotz aller Emanzipation noch immer auf *Mama* verlassen. Mama wird's schon richten! Oh, nicht die Mama des Kindes, natürlich nicht – nein, irgendeine Mama, die zufällig in der Nachbarschaft wohnt und dumm genug ist, nicht berufstätig zu sein.

In einer Fernsehsendung über Mütter und Arbeitswelt sagte die Moderatorin vor einigen Monaten in ihrer Einleitung, die Nur-Hausfrau und Mutter sei «ausgestorben».

Nach meinen Berechnungen sind immerhin noch die Hälfte der Frauen zu Hause. Zumindest sind wir eine starke Minderheit. Aber die Gilde der Medienprinzessinnen schweigt uns wohl am liebsten tot.

Natürlich nur, bis sie unsere Hilfe brauchen.

Ich bekomme immer einen Lachkrampf, wenn eine emanzipierte Mutter, die sich so viel auf ihre Unabhängigkeit einbildet, ihre Mutter oder Schwiegermutter einspannt, damit sie für ihre Kinder sorgen. Oder wenn eine der modernen «befreiten Frauen» irgendeine andere Frau, die aufs Geld angewiesen ist, für einen schäbigen Hungerlohn auf ihre Kinder aufpassen lässt.

Erfolg heißt anscheinend, dass eine Frau sich nicht mehr ausbeuten lässt, sondern selbst zur Ausbeuterin wird. «Es schaffen» heißt, eine andere Frau dazu zu bringen, die Drecksarbeit für einen zu erledigen. Ein interessanter neuer Klassenkampf, finden Sie nicht?

Ich habe immer Verständnis für meine berufstätigen Freundinnen aufgebracht – bis sie ihre Babys bekamen. Dann wurde unsere Freundschaft arg strapaziert, weil ich mich weigerte, an ihrer Stelle die «Mama» zu sein.

Sie gaben in der Tagesstätte meine Adresse und Telefonnummer an – «nur für den Notfall» und ohne mich zu fragen. Der Hammer aber war, dass sie von mir erwarteten, als Babysitter einzuspringen, wenn sie sonst niemanden fanden. Was oft der Fall war.

Was mich auf die Palme gebracht hat, war ihre stillschweigende Annahme, ich stünde ihnen zur Verfügung, weil sie ja schließlich arbeiten müssten. Sie wussten, dass ich keinem Arbeitgeber über meine Zeit Rechenschaft ablegen musste. Also meinten sie, sie könnten darüber verfügen!

Ich kann über dieses Anspruchsdenken nur immer wieder den Kopf schütteln. Es muss da in der Psyche der berufstätigen Mutter irgendeinen Knacks geben, aufgrund dessen sie glauben kann, jede Nur-Hausfrau müsse für sie springen. Wie erklären Sie das?

Aber Sie unterstützen diese Haltung ja in Ihrer Kolumne, nicht wahr? Schlüsselkinder im Grundschulalter können – wie praktisch! – zur Nachbarin gehen.

Obwohl wir in einer Gesellschaft leben, in der man beim kleinsten Fehler mit einem Prozess rechnen muss, raten Sie Ihren berufstätigen Leserinnen: Mutet euren Nachbarinnen ruhig zu, dass sie die Verantwortung dafür übernehmen, dass bei euch zu Hause nichts schief geht.

Es gibt viele Nur-Hausfrauen und Mütter, die nicht Nein sagen können, wenn sie um Hilfe gebeten werden: Frauen, die ein schlechtes Gewissen haben, wenn sie Aufträge ablehnen, findet man nicht nur im Büro.

Ich für meinen Teil will meiner Verantwortung gegenüber meinen eigenen Kindern nachkommen, und ich bin berufstätigen Müttern keine kostenlose Dienstleistung schuldig. Ich muss nicht «alles haben», und ich sehe nicht ein, wieso ich mich stressen soll, damit andere es können.

Die Schuldgefühle, die Sie als berufstätige Mütter so geflissentlich vermeiden wollen, scheinen mir, offen gestanden, ganz berechtigt. Wenn ich von einem Zweitklässler höre, der von acht am Morgen bis sechs am Abend sich selbst überlassen ist, würde ich das Sozialamt einschalten. So etwas finde ich geradezu kriminell.

Die Kluft zwischen den «Nur-Hausfrauen und Müttern» und den berufstätigen Frauen wird immer tiefer. Der berufstätigen Frau zu empfehlen, sie solle die Nachbarin für ihre Zwecke einspannen, trägt nicht dazu bei, sie zu überbrücken.

Die allein erziehende berufstätige Mutter fragt sich nach diesem Zitat vielleicht, ob ich ihre Schuldgefühle noch vergrößern will. Nein, gewiss nicht. Die Hausfrau aus Texas formuliert wohl etwas scharf, aber sie hat in manchem Recht, und ich gebe ihren Brief hier einfach als Mahnung zur Vorsicht weiter. Auch wenn es Sie mehr Zeit oder Geld kostet, versuchen Sie nach dem Motto zu leben: «Eine kostenlose Betreuung gibt es nicht.» Damit werden nicht nur Sie glücklicher leben, sondern auch Ihre Familie, Ihre Freunde und Ihre Nachbarn.

Doch nun zurück zu unseren Tipps für die allein erziehende Mutter:

3. *Setzen Sie Ihren Kindern klare Grenzen und bestehen Sie darauf, dass diese Grenzen auch eingehalten werden.* Ich berate viele allein erziehende Mütter, die mit ihrer

Weisheit am Ende sind, weil sie mit den Kindern nicht mehr zurechtkommen. Eine Mutter kann viel dazu beitragen, dass ihre Söhne später auch gute Ehemänner werden, wenn sie sich nicht jeden Blödsinn von ihnen gefallen lässt. Lesen Sie noch einmal die Kapitel 6 und 7, und setzen Sie *Reality Discipline* in die Tat um.

4. *Vermeiden Sie «Dreiecksverhältnisse».* Damit meine ich hier nicht, dass Sie sich nicht den Mann einer anderen Frau angeln sollen. Ich meine vielmehr: Lassen Sie sich nicht als Vermittlerin einspannen, die es übernimmt, stellvertretend Konflikte zwischen Ihren Kindern und Ihrem Ex-Mann auszutragen.

Ein Beispiel: Ihr Ex-Mann verspricht, er würde vorbeikommen und eines der Kinder zu einem Ausflug abholen. Aber er kommt nicht, und das Kind ist abgrundtief enttäuscht. Es wäre nun einfach, wenn Sie Ihrem Ärger auf Ihren Ex-Mann Luft machen würden. Besser wäre es jedoch, wenn Sohn oder Tochter selbst zum Telefonhörer greifen und direkt mit dem Vater reden würden.

5. *Denken Sie nicht zu schnell an eine neue Ehe.* Ich weiß, in vielen christlichen Gemeinden ist das Thema Scheidung tabu, und dass jemand nach einer Scheidung noch einmal heiraten könnte, ist undenkbar. Ich bin Psychologe und Therapeut und will mich hier nicht auf eine theologische Diskussion einlassen. In jedem Fall rate ich allerdings Frauen, die frisch geschieden sind, mindestens vier Jahre zu warten, bis sie wieder heiraten (in der Hoffnung, dass sie es dann wenigstens zwei Jahre aushalten).

Manche allein lebenden Frauen denken jetzt vielleicht: «Na ja, Leman, du hast gut reden. Ich bin es schließlich, die in der Nacht allein ist.» Ich will die Einsamkeit und die anderen Probleme auch nicht leichtfertig beiseite wischen. Dennoch empfehle ich, lieber ein wenig Einsamkeit auszuhalten, als zu schnell in den nächsten Sumpf zu springen und sich neuen Stress einzuhandeln, indem man sich zu schnell mit einem anderen Prinzen einlässt, der sich dann doch nur wieder als Frosch entpuppt – oder als etwas Ärgeres.

Sie müssen sich trotzdem nicht verstecken oder in Winterschlaf fallen. Suchen Sie, wenn möglich, den Kontakt zu anderen Ehepaaren, zu Freunden, deren Ehe in Ordnung ist und die Sie nicht als Bedrohung empfinden. Der Kontakt zu verheirateten Freundespaaren kann Ihnen Sicherheit geben und Sie und Ihre Kinder positiv beeinflussen.

6. *Seien Sie wählerisch im Blick auf einen neuen Partner.* Ich empfehle Ihnen eine gute und nicht zu kleine christliche Gemeinde, in der es noch andere Singles gibt, vielleicht sogar eine Singles-Gruppe. Ich weiß, auch in der christlichen Gemeinde gibt es Menschen, die mehr scheinen, als sie sind. Aber die Chancen, hier einen Prinzen zu finden, der kein Frosch ist, stehen in diesem Umfeld doch um einiges besser als anderswo.

7. *Geraten Sie nicht in Panik, vor allem wenn Sie noch minderjährige Kinder haben.* Die Stewardess führt es vor dem Abflug jeder Maschine vor: Zuerst sollte der Erwachsene die Sauerstoffmaske anlegen – und dann erst dem Kind helfen, seine überzustülpen. Ich denke, Sie verstehen, was ich meine.

Salome, vierundzwanzig, ist ein gutes Beispiel. Sie suchte bei mir Hilfe, als sie in Scheidung lag. Ihr Mann hatte eine andere gefunden und ließ sie nach neun Jahren Ehe mit einer Neunjährigen und einer Sechsjährigen zurück. Ich konnte mir auch ohne Computer ausrechnen, dass Salome schwanger gewesen war, als sie mit fünfzehn Jahren geheiratet hatte. Sie hatte ihre bitteren Erfahrungen gemacht, und jetzt, mit vierundzwanzig, hatte sie die Narben – aber auch die Weisheit – einer Vierzigjährigen.

Im Verlauf der Beratung äußerte sie sich besorgt – ja verzweifelt –, weil sie das Gefühl hatte, ihr Mann wolle das Sorgerecht für die beiden Töchter beantragen. Ich erkannte schon bald, warum sie sich solche Sorgen machte. Sie war von der Schule abgegangen, als sie schwanger war, und hatte auch keine nennenswerte Berufserfahrung. Außerdem waren ihre Eltern weder fähig noch bereit, sie in irgendeiner Weise zu unterstützen. Allein würde sie nie mit den beiden Kindern durchkommen.

Salome war schockiert, als ich ihr vorschlug, sie solle nicht um das Sorgerecht kämpfen. Ja, ich machte ihr sogar Mut, mit ihrem Anwalt zu reden und abzuklären, ob sie nicht eine gerichtliche Vereinbarung treffen könnten, wonach die Kinder für eine bestimmte Zeit beim Vater leben sollten und erst anschließend endgültig über das Sorgerecht entschieden werden würde. Salome schwor, sie würde nie zulassen, dass ihre beiden kleinen Mädchen bei ihrem Vater und «dieser Frau» lebten.

«Aber Sie haben doch selbst gesagt, dass Ihr Mann die Mädchen gern hat und sich sehr um sie kümmert», sagte ich. «Er verdient als Facharbeiter nicht schlecht und kann für sie sorgen. Und vor allem möchte er sie auch bei sich haben. Sie werden es bei ihm gut haben.»

«Aber was soll ich denn ohne meine Kinder machen?», schrie sie fast.

«Sie haben mir gesagt, dass es Ihnen vor allen Dingen um das Wohl Ihrer Kinder geht. Wenn es Ihnen damit wirklich ernst ist, sollten Sie sich dringend weiterbilden – Sie müssen einen Beruf erlernen.»

«Aber ich habe doch einen Job», protestierte sie.

«Salome, solange die Kinder bei Ihnen leben, werden Sie die paar Dollar, die Sie als Kellnerin verdienen, schnell wieder ausgegeben haben und immer von der Fürsorge abhängig sein. Sie werden niemals vorwärts kommen. Lassen Sie die Mädchen eine Zeitlang bei ihrem Vater leben, und erlernen Sie von Grund auf einen Beruf. Holen Sie den Schulabschluss nach, und machen Sie eine Ausbildung.»

Nur widerstrebend (und von mir enttäuscht) gab Salome nach und überließ ihrem Mann das vorläufige Sorgerecht für ihre Kinder. Sie ging zurück auf die Schule und holte in Rekordzeit den Abschluss nach. Dann bewarb sie sich als Schwesternschülerin. Sie hatte mir erzählt, als Kind habe sie oft mit ihren Puppen gespielt und sich vorgestellt, sie sei Krankenschwester. Nun, sie begann den Traum in die Wirklichkeit umzusetzen. Heute ist sie diplomierte Krankenschwester, hat in einem Krankenhaus eine verhältnismäßig gut bezahlte Stelle – und beide Töchter leben bei ihr.

Salome ist ein Beispiel dafür, dass man nicht nur das Herz, sondern auch den Kopf sprechen lassen sollte. Sie müssen sich vornehmen, das Leben in die eigenen Hände zu nehmen. Es ist (ich hoffe, Sie verzeihen mir den banalen Vergleich) wie beim Baseball. Der Trainer sagt den Spielern immer: «Spielt den Ball – lasst den Ball nicht mit euch spielen. Rennt hinter dem Ball her, greift den Ball an, lauft auf ihn zu – *weicht nicht zurück!*»

Dasselbe gilt im wirklichen Leben. Weichen Sie nie zurück. Lassen Sie sich nie von Ihren Ängsten lähmen und mit Stress füllen.

Machen Sie es wie Scarlett O'Hara

Salomes Geschichte ist gut ausgegangen, aber sie hat selbst etwas dafür getan. Ihre Entschlossenheit und die Liebe zu ihren Kindern haben sich bezahlt gemacht. Ich behaupte, wenn sie sich nur von ihrem Herzen und nicht vom Kopf hätte leiten lassen und die Kinder nicht vorübergehend losgelassen hätte, hätte sie es nie so weit gebracht, dass sie ihrer vaterlosen Familie eine wirkliche Hilfe sein konnte.

So oft begegne ich Frauen, die total gestresst sind, weil sie Panik bekamen und die Kontrolle über ihr Leben verloren. Sie wurden zum Spielball des Lebens. Beim Recherchieren für dieses Buch schrieb ich an Rita Davenport, eine bekannte Fernsehmoderatorin aus Phoenix in Arizona, die mich schon mehrmals in ihrer Show interviewt hat. Ich wusste, dass Rita Seminare hält, in denen Frauen lernen können, mit Stress umzugehen und die Kontrolle zu behalten, und ich bat sie, mir ein paar ihrer Erfahrungen mitzuteilen. Sie war so freundlich, mir zu antworten und ein paar ihrer besten Tipps zu verraten. Sie sind für jede berufstätige Frau eine Hilfe. Ich erwähne sie aber gerade an dieser Stelle als kleines Extra für die allein stehende, berufstätige Mutter, die alle Hilfe – und Hoffnung – braucht, die sie nur bekommen kann.

Genau wie ich hält Rita es für äußerst wichtig, Prioritäten zu setzen. Sie sagt: «Für mich kommt an erster Stelle Gott, dann die Familie (der Mann noch vor den Kindern), als drittes der Beruf und so weiter.»

Rita betont ferner die Notwendigkeit, Nein sagen zu lernen. Ihr Motto lautet: «Du wirst nie einen Hasen fangen, wenn du versuchst, hinter zehn Hasen gleichzeitig herzujagen!»

Es hat mich überrascht, dass Rita auch eine passionierte Walkerin ist. Sie sagt dazu: «Walken ist die beste Methode, um Stress abzubauen.»

Ein paar der Tipps, die mir am besten gefallen haben, gebe ich hier im Wortlaut wieder:

1. Fragen Sie sich, wenn Sie unter Druck stehen: «Ist es wirklich so schlimm, oder hätte es nicht noch schlimmer kommen können?»

Sie müssen zum Beispiel zu einem wichtigen Termin und haben sich verspätet. Im Verkehr geht nichts mehr, und die Ampeln stehen anscheinend alle auf Rot. Mir ist das unlängst passiert. Da habe ich mir gesagt: «Ist das wirklich so schlimm? Denk doch nur an deine Freundin. Ihr Mann war erst zweiunddreißig. Er ist am Morgen aus dem Haus gegangen und war noch nicht einmal bis zum Auto gekommen, als er tot zusammenbrach.» Wenn wir erkennen, dass uns im Grunde noch weit Schlimmeres passieren könnte, kann das eine Menge Stress von uns nehmen.

2. Bauen Sie Spannungen ab, indem Sie bei bestimmten Tätigkeiten Ihren Aggressionen freien Lauf lassen. Zum Beispiel wenn Sie die Betten machen – Kissen und Oberbetten sind hervorragende Punchingbälle. Je mehr Kinder Sie haben, desto mehr Stress haben Sie und desto mehr Betten, an denen Sie Ihren Ärger auslassen können.

3. Machen Sie es wie Scarlett O'Hara aus dem Film *Vom Winde verweht*. Sie sagte immer: «Darüber werde ich morgen nachdenken.» Und sie hatte Recht. In meinen Seminaren erzähle ich oft, was mir ein Ausbilder erklärt hat, der Militärpiloten schult. Er sagt ihnen, sie könnten sich beim Start selbstverständlich vorstellen, dass ihr Flugzeug abstürzt, dass sie abgeschossen werden, dass sich der Fallschirm nicht öffnet oder dass sie, selbst wenn sie unverletzt zur Erde geschwebt sind, am Boden erschossen werden. Sie können sich das alles ausmalen. Aber warum sollen sie sich darüber Gedanken machen? Man sollte sich erst dann Sorgen machen, wenn eine Sache eintritt. Die meisten Horrorszenarien treten gar nicht ein.

4. Essen Sie zunächst die harte Rinde. Erledigen Sie zuerst die unangenehmen Dinge, und betrachten Sie die angenehmeren dann als eine Art Belohnung, die Ihnen neue Kraft und Motivation schenkt.

5. Lernen Sie, sich in den «Alpha-Zustand» zu versetzen, wie es zum Beispiel Albert Einstein und Thomas Edison taten: Machen Sie es sich in einem Sessel oder auf einer Couch bequem, lehnen Sie sich zurück und entspannen Sie sich. Atmen Sie tief durch, achten Sie darauf, dass Arme und Beine nicht überkreuzt sind. Schließen Sie die Augen, und stellen Sie sich eine schöne Gegend vor, in der Sie schon einmal waren und die einen besonders friedlichen Eindruck auf Sie gemacht hat. Vielleicht hören Sie sogar das Meer rauschen oder den Wind in den Bäumen. Dösen Sie ein bisschen, aber versuchen Sie nicht unbedingt einzuschlafen. Ja, es ist sogar besser, wenn Sie nicht richtig einnicken. Fünf

oder zehn Minuten im «Alpha-Zustand» beleben mich, als hätte ich zwei Stunden geschlafen.

6. Leben Sie nach dem Motto: «Was sich mit Geld regeln lässt, ist kein echtes Problem.» Kürzlich fiel zum Beispiel die Klimaanlage in meinem Auto aus. Ich hatte zwar die 396 Dollar für die Reparatur, aber auch wenn ich das Geld gerade nicht gehabt hätte, hätte ich mir sagen können: *Eine Klimaanlage kann man reparieren*. Ich verriet diesen Tipp während eines Seminars einmal meiner Nachbarin. Mit Tränen in den Augen erwiderte sie: «Rita, ich ärgere mich jetzt schon sieben Jahre wegen einer bestimmten Sache. Wenn ich nach Hause komme, werde ich sie sofort reparieren lassen. Ich will mich nicht länger darüber ärgern.»

Sicher kann man mit Geld nicht alles regeln. Der entscheidende Punkt aber ist, dass wir uns zumindest über die Dinge, die mit Geld geregelt werden können, nicht aufregen und es zu Stress oder Spannungen kommen lassen. Mir ist schon einmal das ganze Haus abgebrannt. Ich weiß also, wie es ist, wenn man heimkommt und nichts mehr hat als die Kleider auf dem Leib. Aber mit Geld ließ sich das Problem irgendwie lösen.

Und was ist mit den Dingen, die sich mit Geld nicht regeln lassen? Auch da habe ich so meine Erfahrungen gesammelt. Mein Bruder hat Krebs. Aber ich sehe in ihm nicht den Kranken. Ich sehe ihn als gesunden Vater und Ehemann, als guten Polizisten. Ich bin überzeugt, dass unsere Gedanken eine große Macht haben. Wenn wir lange über etwas nachdenken, dann passiert es auch. Hiob hat gesagt: «Was ich gefürchtet habe, ist über mich gekommen, und wovor mir graute, hat mich getroffen.

Ich hatte keinen Frieden, keine Rast, keine Ruhe, da kam schon wieder ein Ungemach.»

Wir haben immer die Wahl zwischen positiven und negativen Gedanken. Warum sollten wir uns für die Gedanken entscheiden, die uns nur noch mehr Stress bringen?

Ritas Worte sind kluger Rat für jeden, ob verheiratet oder Single, ob berufstätig oder «nur» zu Hause. Wir alle sprechen ab und zu mehr oder weniger ernsthaft vom «Licht am Ende des Tunnels». Ich bin zutiefst überzeugt, dass es dieses Licht tatsächlich gibt – wenn es auch oft noch ganz weit weg ist und wirklich erst am Ausgang schimmert. Vielleicht können Sie selbst es noch nicht sehen, aber es ist da, und wenn Sie weiter nach ihm Ausschau halten, werden auch Sie es entdecken.

Scheinbar ausweglose Situationen bleiben nicht ewig so. Krisen gehen auch wieder vorüber. Der Stress mag Sie zeitweise fix und fertig machen. Aber zum K.o. muss es nicht kommen. Ich habe dazu meine eigene Geschichte, die ich Ihnen im nächsten Kapitel erzählen will.

Kapitel 11

Die Nacht, in der ich den Halt verlor

Als ich auf dem Boden wieder zu mir kam, hörte ich Sandy sagen: «Die Ambulanz ist schon unterwegs.»

Schon im ersten Kapitel habe ich Ihnen versprochen, meine eigene «Stressgeschichte» zu erzählen (vielleicht sollte ich hier besser *«gestehen»* schreiben?). Auch Sie kennen sicher den Spruch: «Arzt, hilf dir selbst.» Um zu begreifen, was das bedeutet, musste ich selbst eine Menge Lehrgeld bezahlen.

Doch gehen wir zurück zum 29. März 1985, einem Freitag. Es war ein hektischer Tag am Ende einer hektischen Woche. Am Montag und Dienstag war ich unterwegs gewesen und hatte auf einer Konferenz gesprochen. Nach meiner Rückkehr häuften sich die Termine, und ich saß bis zum späten Freitagnachmittag im Büro. Dann quetschten sich Sandy, die Kinder und ich ins Auto und fuhren die 125 Meilen nach Phoenix, um dort ein Konzert zu besuchen. Wir kamen gerade noch rechtzeitig, um ein paar Hot Dogs und Pommes frites zu verdrücken und unsere Plätze zu suchen.

Sandy und ich waren total geschafft, aber wir freuten uns, dass wir den Kindern die Möglichkeit bieten konnten, eine ihrer Lieblingsbands live zu erleben. Außerdem konnten wir uns auf diese Weise einmal einen ganz unmittelbaren Eindruck verschaffen, welche Musik sie sich anhörten, und diese Gruppe war tatsächlich gar nicht so schlecht – wenn auch ziemlich laut. Sicher, die Jungs waren keine Symphoniker, aber irgendwie hielten wir doch bis zum Ende durch, und zumindest die Kinder waren begeistert. Sie versicherten mir, die Texte hätten vom Himmel gehandelt. Mir schien es allerdings eher, als wäre es um das Gegenteil gegangen!

Kurz vor Mitternacht kehrten wir endlich ins Hotel zurück. Ich überließ es Sandy, die Kinder zur Nachtruhe zu bewegen. Keine leichte Aufgabe, denn sie waren hellwach und noch ziemlich aufgedreht. Ich zog mich zurück mit der Erklärung, dass ich eine unglaublich anstrengende Woche hinter mir hätte und völlig erschöpft sei. Ein paar Minuten später befand ich mich bereits im Reich der Träume, hätte mir allerdings nicht träumen lassen, was ein paar Stunden später passieren sollte.

Gegen halb vier am Morgen wachte ich auf, weil mir übel war. Ich versuchte Sandy zu wecken, und das nächste, woran ich mich erinnern kann, ist, dass ich auf dem Boden wieder zu mir kam und Sandy sagen hörte: «Die Ambulanz ist schon unterwegs.»

Dann erblickte ich über mir das Gesicht eines Sanitäters. Er leuchtete mir mit einer Taschenlampe ins Auge und prüfte meine Reaktionen. Sein Kollege versuchte meinen Puls zu finden, aber seinem Gesichtsausdruck nach zu schließen war er wohl nicht allzu erfolgreich.

Holly, Krissy und Kevey waren hellwach und starrten mich mit weit aufgerissenen, verängstigten Augen an. Sandy zitterte wie Espenlaub, und ich lag da und fragte mich, was denn bloß passiert war.

Es schien, als müsste ich eine Ewigkeit auf der Notfallstation bleiben

Man brachte mich aus dem Hotel und auf die Unfallstation des nächsten Krankenhauses. Ich hatte keine Schmerzen, fühlte mich aber völlig kraftlos. Mir war heiß, und ich schwitzte. Es schien, als müsste ich eine Ewigkeit auf der Notfallstation bleiben. Die Untersuchungen dauerten zweieinhalb Stunden. Der Dienst tuende Arzt schien auch nach dem EKG nicht so genau zu wissen, was mir fehlte. Um einen Herzinfarkt handelte es sich nicht, und seiner Meinung nach konnte ich entlassen werden.

«Aber was war los?», protestierte ich. «Ich hatte doch irgendeinen Herzanfall oder Kollaps. Das waren doch absolute Alarmsignale!»

Der Notarzt stellte mich vor die Wahl: Ich konnte im Krankenhaus bleiben und mich in der Kardiologie noch weiter untersuchen lassen, oder ich konnte nach Hause fahren und meinen Hausarzt aufsuchen. Er versicherte mir, die Heimreise sei kein Risiko.

Ich entschied mich für die Heimfahrt. Als über Phoenix der Morgen dämmerte, machten wir uns auf den Weg zurück nach Tucson. Sandy saß am Steuer, die Kinder und ich saßen im Fond. Dieses eine Mal waren sie still und ruhig. Sie starrten zum Fenster hinaus in die vorbeiziehende Wüstenlandschaft, und hin und wieder warfen sie mir einen besorgten Blick zu.

Ich erinnere mich noch, wie Holly, unsere Älteste, sagte: «Dad, ich hab dich lieb. Es wird schon alles gut.»

Krissy, die Zweite, die ihr Herz immer auf der Zunge trägt, streichelte mich nur, und in ihren Augen standen Tränen.

Kevey, unser Kleiner, sagte eine ganze Zeit lang gar nichts. Er versuchte wohl in seinem achtjährigen Kopf erst einmal alles zu sortieren. Schließlich sagte er: «He, Dad, wollen wir Fangen spielen, wenn wir heimkommen?» Ich dankte ihm für den Vorschlag, verzichtete aber doch lieber darauf.

«Dr. Leman, Sie brauchen eine Computertomographie»

In Tucson angekommen, rief ich unverzüglich meinen Hausarzt an. Ich konnte sofort zu ihm. Während Sandy mich zur Praxis fuhr, überlegten wir gemeinsam, was mich mitten in der Nacht buchstäblich aus dem Bett katapultiert hatte. Hatte ich mir den Magen verdorben? War es ein Anflug von Grippe? Irgendeine Nervenstörung, die ernst zu nehmen, aber doch nicht *zu* schlimm war?

Dr. Johnson ließ unsere kleine Seifenblase schnell platzen. «Kevin», sagte er, «man wacht nicht mitten in der Nacht auf und windet sich auf dem Fußboden, wenn nichts vorliegt. Ich werde dich im Krankenhaus zu einer Reihe von Untersuchungen anmelden, einschließlich einer Computertomographie und eines EEG.»

«Ein Elektroenzephalogramm? Was versprichst du dir von einem Hirnstrombild?»

«Einen Hinweis auf Hirnschäden, einen Tumor», erwiderte er sachlich.

«Danke», sagte ich. «Sehr beruhigend.»

Früh am nächsten Montagmorgen meldete ich mich im Krankenhaus. In null Komma nichts war ich für das EEG verkabelt. Am ganzen Kopf waren Elektroden angebracht, und in meine Arme wurde eine farbige Flüssigkeit gepumpt.

«Bleiben Sie ganz still liegen», forderte mich die Schwester auf, als sie die Schalter betätigte. Dann flackerten Anzeigelichter, und undefinierbare Geräusche drangen an mein Ohr.

Anschließend kam die Computertomographie. Als ich in das seltsame Rohr geschoben wurde, kam ich mir vor, als würde ich auf meine ganz persönliche Weltraumodyssee geschickt. Die ganze Sache war mir ziemlich unheimlich. Um ehrlich zu sein, ich hatte ein bisschen Angst, nein, panische Angst. Würden sie einen Hirntumor entdecken oder sonst etwas Schreckliches?

Doch der Befund war negativ. Der Arzt versicherte mir, dass mit meinem Hirn alles in Ordnung sei. Ein paar meiner früheren Lehrer hätten dieses Ergebnis zwar sicher angezweifelt, aber was die Computerdiagnose anging, hatte ich die Prüfung mit Auszeichnung bestanden. Das EEG offenbarte gewisse Unregelmäßigkeiten, deren Bedeutung allerdings unklar war.

Vom Neurologen kalt erwischt

Weil ich nicht wollte, dass die Bedeutung von irgendetwas, was mit meinem Hirn zu tun hatte, unklar blieb, stimmte ich sofort zu, als Dr. Johnson mir empfahl, noch einen Neurologen aufzusuchen. Ein paar Tage später saß ich in der Praxis von Dr. Laguna. Bei diesem ersten Gespräch tat er nicht viel mehr, als mir eine Menge Fragen zu stellen. Aber er wusste genau, worauf er hinauswollte, und nagelte mich so genau und präzise fest, wie es sonst nur Sandy gelingt – und das will schon etwas heißen.

«Nach allem, was Sie mir erzählt haben, Kevin, sind Sie eindeutig ein A-Typ.»

Ich wusste, was er damit meinte. Der A-Typ, das ist der hektische, aggressive, ungeduldige Workaholic. Der Mann hatte Nerven! Hatte er nicht erkannt, dass ich eher der B-Typ bin – umgänglich, pflegeleicht und unbekümmert? Der Typ, der eins nach dem anderen erledigt und sich von nichts aus der Ruhe bringen lässt?

«Sie machen wohl Spaß!», erwiderte ich. «Ich bin bekannt als der lässige Leman. Ich bin der Typ Mensch, der ohne große Vorbereitung im Fernsehen auftreten und die Leute zum Lachen bringen kann, indem er ihnen Tipps für ihr Familienleben gibt. Ich erkläre den Leuten, wie sie *nicht* zum A-Typ werden. Da können Sie doch nicht daherkommen und behaupten, ich sei selbst einer! Ich bin kein Hektiker, ich bin der lässige Leman.»

Dr. Laguna lächelte und fuhr fort, meinen Lebensstil mit dem Verhalten des A-Typs zu vergleichen. Die Übereinstimmungen waren erschreckend.

«Schön, Sie können die Leute unterhalten und zum Lachen bringen», räumte er ein. «Aber hinter diesem lässigen Äußeren verbirgt sich eine perfektionistische, aggressive Persönlichkeit. Sie treiben sich selbst viel zu sehr an, und das wird Sie noch in Schwierigkeiten bringen.»

Ich wusste, dass er Recht hatte. Ja, er hatte mich kalt erwischt. Mir war zumute, als hätte er ein kleines, verborgenes Fenster aufgestoßen und würde direkt in meinen Kopf und mein Herz blicken. Er schien genau zu wissen, was ich dachte und empfand. Also gut – wenn ein Mensch mich so treffend schildern kann, dann bin ich bereit zuzuhören.

«Wissen Sie, was das an dem bewussten Abend war, Kevin? Das war eine Stressattacke», erklärte er nun. «Der Körper kann nämlich nur eine bestimmte Menge aushalten. Er hat seine eigene Methode, uns mitzuteilen, dass er genug hat. Wenn wir unseren Körper zu sehr unter Druck und Stress setzen, dann gibt er an irgendeiner Stelle nach. Er macht einfach nicht mehr mit.»

Von jenem Tag an begann ich meinen Lebensstil zu ändern. Der «lässige Leman» legte keine öffentlichen Gelübde oder Bekenntnisse ab. Ich fing einfach an, etwas kürzer zu treten und manches anders anzugehen. Ich nahm pro Tag zwei Patienten weniger an, wodurch ich neben den eineinhalb Stunden Mittagspause, die ich mir normalerweise gönne, noch zwei kleine Ruhepausen erhielt. Diese beiden Ruhepausen gaben mir Gelegenheit, mich einfach ein wenig zurückzuziehen und Atem zu holen.

Die Folgen dieser neuen Einteilung waren ermutigend – und erhellend. Ich nehme Dinge jetzt bewusster wahr, ich merke, wenn ich das Essen zu schnell herunterschlinge, wenn ich zu schnell renne und so weiter. Ich versuche mich in Gedanken selbst zu ermahnen und zu bremsen, wenn ich merke, dass es nötig wird.

Adrenalinsüchtig

Dr. Archibald Hart, Leiter der psychologischen Abteilung am Fuller Theological Seminary, hat ein hilfreiches Buch mit dem Titel *Adrenalin and Stress* geschrieben. Er führt aus, dass wir von unseren «Adrenalinschüben», die sich bei einem hektischen, interessanten und als angenehm empfundenen Lebensrhythmus ergeben, abhängig werden können. Wir können gewissermaßen adrenalinsüchtig werden. Damit ist mein früheres Verhalten auf den Punkt genau beschrieben. Vor meinen Krämpfen in jener Nacht im Hotel in Phoenix war ich weder frustriert noch verärgert gewesen. Die Woche war ganz normal verlaufen. Ich war unterwegs gewesen, hatte mit Patienten gesprochen, die Familie genossen. Okay, die Fahrt nach Phoenix und das Rockkonzert waren vielleicht ein bisschen viel gewesen, aber es hatte mir Spaß gemacht, Zeit für Sandy und die Kinder zu haben.

Nun weist Dr. Hart aber gerade nach, dass angenehme Dinge uns genauso stressen können wie unangenehme oder schmerzliche Erfahrungen. Wenn das Adrenalin zu strömen beginnt, unterscheidet der Körper nicht zwischen «guten» und «schlechten» Erlebnissen. Ja, die «glücklichen Zeiten» können sogar noch gefährlicher sein, weil wir anfangen, uns von diesem «guten Gefühl» abhängig zu machen. Das kann jedem passieren, dem Büroangestellten, der unter Druck steht, genauso wie dem Psychologen mit übervollem Terminkalender oder der überaktiven Mutter, die versucht, die Familie zu versorgen und gleichzeitig noch ein paar andere Eisen im Feuer zu halten.

In den vorhergehenden Kapiteln sind uns einige gestresste Mütter begegnet, die schon mitten in der Erschöpfungsphase von Hans Selyes Allgemeinem Anpassungssyndrom steckten. Vielleicht haben Sie sich in diesen Beschreibungen überhaupt nicht wiedergefunden. Ihr Leben ist erfüllt, Sie arbeiten oder sind noch in der Ausbildung und leisten den Taxidienst für die Kinder ohne große

Probleme. Ja, Sie finden das alles richtig spannend und haben Spaß daran. Sie fühlen sich «high», wenn Sie an einem Tag mal wieder alles geschafft haben. Sicher, manchmal sind Sie auch müde, aber was soll's? Dafür schlafen Sie dann besser, oder nicht?

Vorsicht! Genau so steuerte ich auf meine Stressattacke zu, und es kann sein, dass Sie auf demselben Wege sind. Archibald Hart glaubt, dass wir süchtig nach unserem eigenen Adrenalin werden können. Und ich denke, er hat Recht. Er schreibt:

> Die Vorstellung, dass man von Adrenalin abhängig sein kann, hat wichtige Auswirkungen darauf, wie wir auf Stress reagieren, weil dasselbe Adrenalin, das uns ein Hochgefühl verschafft, die Droge ist, die uns, im Übermaß genossen, verzweifeln lässt. Wenn wir es nicht lernen, uns von unseren Adrenalin-«Hochs» unabhängig zu machen, kann das Vergnügen, das wir selbst an gesunden Dingen empfinden, zu einer allmählichen Form der Selbstzerstörung werden.

Ich lernte meinen eigenen Rat zu beherzigen

Wenn ich heute auf jene Stressattacke im März 1985 zurückschaue, betrachte ich sie als einen Segen – als Warnung, dass ich tatsächlich von meinem eigenen Adrenalin abhängig geworden und in einen Kreislauf der Selbstzerstörung geraten war. Ich lernte in der Folge, meinen eigenen Rat zu beherzigen, den ich allen meinen Patienten gebe. Eine meiner Lieblingsweisheiten, die ich von mir gebe, ist die, dass wir selbst Verantwortung für unsere Entscheidungen übernehmen müssen. Wie richtig das ist, ist mir jetzt viel deutlicher bewusst. Ich habe es ein Stück weit selbst in der Hand, wie viel Stress ich an jedem Tag an mich heranlasse.

Sicher, eine gewisse Portion Stress lässt sich nicht vermeiden. Und dieser Stress kann sowohl von unangenehmen Dingen hervorgerufen werden als auch von solchen, die uns Spaß machen.

Wie wir in Kapitel 2 bereits gesehen haben, kann Stress in Form von Druck oder Spannungen auftreten, die wir als Bedrohung empfinden. Der Druck wird zu einem Stressfaktor, und das Adrenalin beginnt uns aufzuputschen. Die Folge: Wir sind gestresst.

Oder der Stress kommt von positiven, angenehmen Erlebnissen, die das Adrenalin genauso stark oder sogar noch heftiger in unsere Venen jagen, als wenn wir uns bedroht fühlen. **Kurz gesagt, Stress werden wir immer erleben. Stressfrei ist man erst, wenn man tot ist.** Wir können aber lernen, ihn unter Kontrolle zu halten, damit er uns nicht auslaugt und irgendwann umbringt. Und die beste Möglichkeit, dies zu erreichen, besteht darin, auf ein gesundes Gleichgewicht zu achten.

Die Balance halten

Ich staune immer wieder über die Turnerinnen, die auf dem Schwebebalken, jenem schmalen, etwa zehn Zentimeter breiten Träger, ihre Turnübungen absolvieren, ohne das Gleichgewicht zu verlieren. Wer da die Höchstzahl von 10 Punkten oder auch nur schon eine 9,8 erreicht, ist phantastisch. Ich vergleiche das Leben gern mit einem solchen Schwebebalken. Dabei kommt es mir, wie Sie inzwischen gemerkt haben dürften, nicht darauf an, die höchste

Punktzahl zu erreichen. Auf dem Schwebebalken des Lebens schaffen wir an manchen Tagen nicht mehr als 1,3 Punkte oder noch weniger. Aber das ist auch nicht so schlimm, solange wir nur wissen, wie wichtig es ist, das Gleichgewicht zu halten.

Wenn wir das Wort «Gleichgewicht» im Wörterbuch nachschlagen, finden wir alle möglichen Definitionen. So heißt es an einer Stelle, Gleichgewicht sei ein «Zustand, in dem sich zwei oder mehr einander entgegengesetzt gerichtete Wirkungen aufheben», ein «allgemeiner Ausgleich von Kräften, Machtverhältnissen usw., innere Harmonie, seelische Ruhe, Ausgeglichenheit». Etwas ins Gleichgewicht bringen bedeutet aber auch, die Position zwischen zwei Extremen einzunehmen.

Mir gefällt dieser Ausdruck, denn er gibt genau das wieder, worum es bei der Vermeidung und Beherrschung von Stress geht. Wenn es in unserem Leben zu viel Stress gibt, heißt das, dass wir in irgendeinem Bereich zum Extrem tendieren. Das kann etwas Schlechtes, Bedrohliches, Beklemmendes sein. Es kann auch etwas sein, was uns Spaß macht oder was wir sogar zu brauchen meinen – ein voller Terminkalender zum Beispiel, der auch auf- und anregend sein kann. Auf jeden Fall aber stimmt das Gleichgewicht nicht, und daran sollten wir etwas ändern.

Wir haben verschiedene Methoden angeschaut, wie wir im Kampf gegen den Stress das Gleichgewicht wiederherstellen können. Unser wichtigstes Werkzeug dabei ist unser «Prioritätenmaßstab», den wir dann hervorholen, wenn uns die Angebote, die Anfechtungen und die Anforderungen des Lebens über den Kopf zu wachsen drohen. Um ihn richtig anwenden zu können, brauchen wir aber noch eines – nämlich einen Schlachtplan, eine Art Gebrauchsanleitung für unser Leben, und die wollen wir im letzten Kapitel etwas näher betrachten.

Kapitel 12

Ein Schlachtplan gegen Stress

«Manchmal setze ich mich einfach hin und heule – und dann bete ich noch»

Im Gespräch mit Frauen und Müttern erkundige ich mich oft danach, wie sie versuchen, das Gleichgewicht zu halten, wenn der Stress von allen Seiten an ihnen zerrt. Manche berichten ganz freimütig, dass es schwierig sei, auf dem Schwebebalken des Lebens das Gleichgewicht zu bewahren. Und was ihre Stressbewältigung betrifft, so kommen dann die folgenden Antworten:

«Gar nicht gut.»

«Bis jetzt habe ich es noch nicht geschafft!»

Andere gehen das Problem ganz praktisch an und hoffen, es so zu lösen:

«Schneller bewegen!»

«Ich packe den Jüngsten in ein Tragetuch, damit er zufrieden ist, wenn ich die Hausarbeit erledige.»

«Ich gehe raus und kaufe ein oder mache irgendetwas anderes.»

«Ich stehe um halb fünf auf und bete, weil der Kleine so früh wach wird. Dreimal pro Woche mache ich Gymnastik, und jede Woche nehme ich mir einen Tag frei, den ich dann nur für mich habe.»

«Ich versuche den Tag möglichst voll zu stopfen, damit ich gar nicht viel Zeit habe, um über alles nachzudenken, was mich belasten könnte.»

Eine dreißigjährige Mutter mit Kindern im Alter von sieben, neun und zwölf Jahren ist ein besonders gutes Beispiel dafür, was man alles probieren kann. Sie berichtet: «Ich delegiere einen Teil der Hausarbeit und mache mich aus dem Staub, gehe zum Einkaufen oder in die Bibliothek. Manchmal setze ich die Kopfhörer auf, lege meine Lieblingskassette ein und blende alles andere für eine halbe Stunde aus. Oder ich setze mich einfach hin und heule – und dann bete ich noch.»

Jeder braucht seinen eigenen Schlachtplan

Das ehrliche Eingeständnis dieser Mutter ist ein gutes Beispiel dafür, wie jemand nach besten Kräften versucht, mit dem Stress fertig zu werden – indem sie einfach einmal ausbricht oder das tut, was im Moment gerade Erfolg versprechend scheint. Manches, was sie gesagt hat, ist durchaus zu empfehlen; vor allem das «Heulen und Beten». Wichtig aber ist, dass wir alle einen Schlachtplan haben – eine grundsätzliche Einstellung zum Leben, die uns hilft, die Dinge in der richtigen Perspektive zu sehen.

Wenn ich mit meinen Klientinnen über einen solchen «Schlachtplan» spreche, habe ich vor allem drei Bereiche im Sinn. Wenn das Leben einem über den Kopf zu wachsen droht, ist es wichtig, sich klarzumachen, dass wir nicht alles auf einmal anpacken können. Wir müssen versuchen, eins nach dem anderen zu tun, schön der Reihe nach. Vielen hilft es, auf einem Blatt Papier drei Spalten anzulegen mit den Überschriften (1) Körperliches; (2) Emotionales;

(3) Geistliches. – Was ist in jedem dieser Bereiche wichtig? Welche Ziele kann ich mir setzen, um den Weg aus dem Sumpf zu finden?

«Sich noch mehr anstrengen» ist kein körperliches Ziel

Wenn ich von «körperlichen Zielen» spreche, meinen manche Frauen, sie sollten sich besser organisieren oder die Arbeit schneller erledigen. Das aber würde nur noch mehr anstatt weniger Stress hervorrufen. Mit Stressprävention im körperlichen Bereich meine ich Aktivitäten, die entspannen oder einem das Gefühl vermitteln, etwas Befriedigendes geschafft zu haben. Genau das erleben wir bei unserer Alltagsarbeit viel zu wenig. Kurz: Sie sollten nach Möglichkeiten suchen, Ihrem Körper etwas Gutes zu tun.

So können Sie bei den körperlichen Zielen zum Beispiel an Ihr Gewicht denken. Weil *Diät halten* ein Begriff ist, der für viele Menschen nur noch mehr Stress bedeutet, spreche ich lieber von vernünftiger oder ausgewogener Ernährung, und neben einer vernünftigen Ernährung empfehle ich dann gleich auch irgendeine Form von sportlicher Betätigung.

Vielleicht sollten Sie wie Rahel jede Woche irgendetwas ganz für sich selbst tun. Bei Rahel war es der Besuch einer Aerobic-Gruppe, der ihr half, körperlich fit zu bleiben. Wenn Ihnen das eine Nummer zu groß erscheint, warum gehen Sie dann nicht einfach spazieren? Stehen Sie etwas früher auf, ziehen Sie ein Paar bequeme Lauf- oder Joggingschuhe an und marschieren Sie so schnell Sie können um den nächsten Block, wobei Sie die Arme locker mitschwingen lassen. Manchen ist es eine Hilfe, wenn sie ein bestimmtes Ziel haben – das Haus einer Freundin, den Zeitungskiosk oder ein Café.

Wenn Sie bei guter Gesundheit sind, dann versuchen Sie pro Tag ein paar Kilometer zurückzulegen. Ich selbst habe meinen Rhythmus bei etwa sechs Kilometern gefunden – drei bis zu einem Kiosk, wo ich die Zeitung hole und einen Kaffee trinke, und drei Kilometer zurück. Aber denken Sie daran, dass Sie möglichst schnell marschieren und die Arme mitschwingen lassen. Ziel ist, eine Pulsfrequenz von etwa 115–140 Schlägen pro Minute (für Erwachsene) zu erreichen. Bevor Sie irgendeine Art von Sport in Angriff nehmen, sollten Sie aber auf jeden Fall mit Ihrem Arzt reden.

Warum jogge ich nicht und empfehle es auch anderen Leuten nicht? Im Prinzip habe ich gegen das Joggen nichts einzuwenden, außer dass es Knie- und Fußgelenke zu sehr belastet. Ich kenne viele Leute, die mit Joggen begonnen haben, sich dabei aber überanstrengt und das Laufen dann völlig aufgegeben haben. Darum ist es viel besser, wenn Sie mit zügigem Gehen (oder wie man heute sagt: Walking) beginnen. Wenn Sie dann etwas trainiert sind, können Sie es auch einmal mit Joggen probieren. Oder Sie versuchen beides zu kombinieren. Wichtig ist, dass Sie sich dabei wohl fühlen.

Ein Grund, warum ich empfehle, möglichst am frühen Morgen zu laufen, ist der, dass Sie damit gleichzeitig Gelegenheit haben, den vor Ihnen liegenden Tag zu überdenken und zu überlegen, was Sie realistisch betrachtet alles erledigen können. Achten Sie bitte darauf, dass ich gesagt habe: «realistisch betrachtet». Wie wir bereits gesehen haben, setzt Sie nichts schneller unter Stress als eine «Supermutter-muss-Folgendes-erledigen-Liste». Der perfektionistische Versuch, möglichst alles an einem einzigen Tag zu schaffen, ist eine sichere Methode, sich das ganze Leben zu verderben.

Ach ja, und natürlich sind noch ein paar Hinweise zur *Sicherheit* angebracht. Leider laufen heutzutage überall auch ein paar mehr oder weniger gestörte Typen herum, die Ihren morgendlichen Lauf zum Horrorstress machen können. Ich rate meinen Klientinnen, möglichst nicht allein zu walken oder zu joggen. Besser, Sie nehmen eine Freundin mit oder den Hund oder eines der Kinder (es sollte natürlich schon alt genug sein). Ich kenne ein paar Frauen, die ein Pfefferspray oder zumindest eine Trillerpfeife bei sich haben. Am wichtigsten ist es, nicht zur falschen Zeit durch die falsche Gegend zu laufen. Das ist mit ein Grund, warum ich den frühen Morgen empfehle. In der Regel sind zu dieser Zeit nicht so viele zweifelhafte Gestalten unterwegs – zumindest hier bei uns in Tucson. Bei Ihnen kann das natürlich anders sein.

Die wichtigsten Punkte sind also die folgenden:

1. Tragen Sie bequeme Schuhe, die genug Halt geben.
2. Suchen Sie sich eine sichere Strecke aus, die Sie kennen.
3. Versuchen Sie, am Ziel eine kleine Belohnung vorzusehen, ein kleines Licht am Ende des Tunnels. Für mich sind das eine Tasse Kaffee und eine Zeitung. Vielleicht funktioniert das bei Ihnen auch. Sonst überlegen Sie sich etwas anderes. (Mir ist natürlich durchaus bewusst, dass auch Koffein ein Stressfaktor sein kann. Seit meiner eigenen Stressattacke bemühe

ich mich, pro Tag nicht mehr als drei Tassen Kaffee zu trinken.)

4. Laufen Sie in einem flotten, zügigen Tempo. Davon werden Sie nicht müde. Übertreiben Sie es am Anfang nicht, sondern gewöhnen Sie sich ganz allmählich ans Laufen. Sie werden feststellen, dass Sie durch das Laufen oder Joggen am Morgen mehr Energie für den Tag bekommen, nicht weniger.
5. Nutzen Sie die Zeit beim Laufen, um den Tag zu planen. Überlegen Sie, was wichtig ist, und planen Sie genug ein, aber nicht zu viel.
6. Wenn Sie Gewichtsprobleme haben, hängen Sie an einer gut sichtbaren Stelle einen Zettel auf, auf dem Sie eintragen, wie viel Sie trainieren und wie viel Sie abnehmen. Ein guter Platz ist die Kühlschranktür oder auch der Schreibtisch im Büro. Wenn Sie die Sache ganz ernsthaft angehen wollen, dann tragen Sie vielleicht auch noch die Kalorien ein, die Sie jeden Tag zu sich nehmen. Der Hintergedanke dabei ist, dass Familie, Freunde oder Mitarbeiter von Ihrem Vorhaben erfahren. Wenn Sie dann einmal Schwierigkeiten haben, den Plan durchzuhalten, wird der Stolz Sie daran hindern aufzugeben!

Natürlich können Sie sich auch ganz andere Ziele stecken. Ich empfehle vor allem Bewegung, weil fast alle Stressexperten sie als hervorragendes Mittel bezeichnen, um Stress abzubauen. Wenn es Ihnen dagegen mehr hilft, im Garten herumzubuddeln, das Gästezimmer zu renovieren oder Bonsai-Bäumchen zu ziehen, dann probieren Sie es damit. (Weitere Gedankenanstöße finden Sie im Anhang.)

Achten Sie bei allem, was Sie tun, aber darauf, dass das Ziel, das Sie sich im körperlichen Bereich setzen, erreichbar ist und keinen neuen Stress verursacht. Es geht darum, Stress abzubauen, nicht irgendein Programm abzuspulen, das noch *mehr* Stress bringt.

Auch im Gefühlsbereich sind Ziele wichtig

Im emotionalen Bereich sollten die Ziele Ihrer Persönlichkeit entsprechen. So möchten Sie vielleicht gern ein bisschen selbstbewusster werden, um all die Menschen in die Schranken weisen zu können, die über Ihr Leben bestimmen wollen. Dazu helfen Ihnen oft schon ganz einfache Ziele, wie zum Beispiel den Nachbarn als erste «Guten Morgen» zu sagen, häufiger zu lächeln, lieben Menschen auch einmal durch Berührungen zu signalisieren, dass man sie gern hat. Solch kleine Gesten stärken Ihr Selbstvertrauen und Ihr Selbstwertgefühl und verringern den Stress.

«Den anderen zeigen, dass man sich um sie kümmert», ist nach Hans Selye der beste Weg, um Stress zu vermeiden oder unter Kontrolle zu bekommen. Er spricht davon, die «Liebe des Nächsten zu verdienen», eine Lebensphilosophie, die ganz enorm dazu beiträgt, «... ein Gefühl der Sicherheit und die innere Ruhe zu bewahren».

Ich selbst beobachte nun schon einundzwanzig Jahre, wie meine Frau Sandy sich nicht nur die Liebe der Nächsten «verdient», sondern auch die Liebe von wildfremden Leuten. Ich kenne viele Menschen, die mich nicht mögen, aber ich kenne niemanden, der Sandy nicht gern hat.

Ein kleines Beispiel von Sandys Lebensstil ist die «Geschichte mit der Batterie». Sie war an einem Tag mit 150

Dollar in der Tasche unterwegs, um Lebensmittel einzukaufen. Später erzählte sie, sie hätte noch einmal Geld holen müssen, um alle Einkäufe zu erledigen. Ich schluckte und fragte, wieso die 150 Dollar nicht gereicht hätten.

«Nun, weißt du», begann Sandy mit einem Lächeln, das mich schon darauf vorbereitete, was jetzt kommen würde. «An der Tankstelle war eine Frau, der man die Batterie aus dem Auto gestohlen hatte. Der Tankwart sagte ihr, eine neue würde fünfundachtzig Dollar plus Mehrwertsteuer kosten, und da fing sie an zu weinen, weil sie nicht genug Geld hatte.»

«Also hast du ...»

«Ja, ich hab dem Tankwart heimlich die fünfundachtzig Dollar in die Hand gedrückt. Was hätte ich denn sonst tun sollen?»

Ich hätte ihr durchaus ein paar Alternativen nennen können, aber ich kenne Sandy. Sie ist der Typ «Helferin», dem es Freude macht – und kaum einmal Stress –, für andere zu sorgen. Und dabei schafft sie es, ihr Leben im Gleichgewicht zu halten. «Helferin» bedeutet für sie nicht «Fußmatte». Sie kann sich durchaus abgrenzen und versucht nicht, es immer allen recht zu machen, was für viele Mütter eine echte Stressquelle ist.

In seinem Buch *The Stress Myth* führt Richard Ecker ein Dutzend Regeln auf, die er «Eckers Gesetz» nennt. Regel zwölf beinhaltet etwas, was jede Mutter auswendig lernen sollte: «Sie müssen sich nicht stressen, um für andere zu sorgen.» Mit anderen Worten: Man kann sich um andere kümmern – den Mann oder die Kinder –, ohne sich für das Glück des anderen ganz und gar verantwortlich zu fühlen.

Marianne war mit einem Alkoholiker verheiratet

Marianne, achtundzwanzig, verheiratet mit Jürgen und Mutter des drei Jahre alten Marc, entdeckte, dass ihr Mann Alkoholiker war. Sie reagierte in typischer Manier, begann überall nach Flaschen zu suchen und sie in den Ausguss zu leeren. Oder sie versteckte das Zeug, damit Jürgen es nicht finden konnte. Sie nörgelte an ihm herum, stauchte ihn zusammen, rief seine Mutter an und bat sie, ihm ebenfalls gründlich den Kopf zu waschen, ließ einschlägige Bücher und andere Schriften im Haus liegen, damit er sie durchlas, aber alles fruchtete nichts. Als sie in die Therapie kam, hatte sie sich schon so aufgerieben, dass sie unter starkem Stress litt. Ich erklärte ihr: «Sie müssen sich von Jürgens Alkoholproblem lösen.»

«Wie meinen Sie das?»

«Er ist der Alkoholiker, nicht Sie», erwiderte ich. «Sie sind nicht für sein Verhalten verantwortlich. Er muss selbst die Verantwortung übernehmen.»

Marianne verstand. Sie hörte auf, Jürgen in der Familie zu decken, und rief auch nicht mehr im Büro an, um ihn «krank» zu melden, wenn er einen Kater hatte. Sie weigerte sich auch, ihre eigenen Pläne durchkreuzen zu lassen und zum Beispiel den Besuch bei der Freundin abzusagen, weil Jürgen sich im letzten Augenblick noch voll laufen ließ. Einmal, als Jürgen zum x-ten Mal stockbesoffen heimkam, nahm sie den kleinen Marc und quartierte sich in einem Hotel ein. Jürgen wachte am nächsten Morgen um zehn Uhr auf und verpasste eine wichtige Besprechung im Büro.

Marianne hörte auch auf, mit dem Abendessen auf ihn zu warten. Das Essen kam um Punkt sechs Uhr abends auf den Tisch, und wenn Jürgen dann nicht da war, konnte er es sich später aus dem Kühlschrank holen, zusammen mit der Anweisung, wie er es aufwärmen konnte.

Das Wichtigste war wohl, dass Marianne ihren Mann spüren ließ, dass sie ihn nicht mehr «bemuttern» wollte. Sie machte ihm unmissverständlich klar: «Ich will so nicht mehr weiterleben.»

Jürgen änderte sich in verhältnismäßig kurzer Zeit. In weniger als sechs Wochen war er bereit, in einem Heim einen Entzug zu machen, und dort kam es wirklich zu einer grundlegenden Neuorientierung. Er rettete nicht nur seinen Job, sondern auch seine Ehe.

Mit einem Alkoholiker zu leben – und sich um ihn zu sorgen –, ist vielleicht nicht gerade Ihr Problem. Aber wie sieht es in Ihrer Familie aus? Es gibt unzählige Möglichkeiten, sich im emotionalen Bereich Ziele zu setzen. Kommt Ihr Mann für Sie wirklich an erster Stelle? Das sollte er. Sind die Kinder auf Platz zwei, und kommen Ihre Arbeit, die Gemeinde, Ihre Hobbys an dritter Stelle oder noch weiter hinten?

Manche besonders frommen Frauen stören sich daran, dass ich die Mitarbeit in der Kirchengemeinde ein paar Sprossen zurückstufe. Irgendwie setzen sie Gemeindearbeit mit der richtigen Beziehung zu Gott gleich. Meine Standardantwort darauf lautet: «Ich finde Mitarbeit in der Gemeinde großartig, solange sie nicht zwischen Ihnen und Gott oder zwischen Ihnen und den wichtigsten Menschen in Ihrem Leben steht.»

Ziele im Gefühlsbereich können so verschieden sein wie jene im körperlichen Bereich. Zu den wichtigsten Regeln, die man beim Setzen emotionaler Ziele beachten sollte, gehören folgende:

- Wählen Sie etwas Einfaches aus, etwas Freundliches, das nicht bedrohlich wirkt. Nehmen Sie sich immer nur einen Schritt vor, und stutzen Sie die Liste mit den Dingen, die Sie erledigen wollen, auf eine Größe zurecht, die zu Ihnen passt und nicht zu jemand anders. Frau Müller über den Zaun hinweg freundlich «Guten Morgen» zuzurufen, ist eine Sache. Am Elternabend ein zwanzig Minuten dauerndes Referat zu halten, eine andere.
- Nehmen Sie sich vor, die Dinge in einem neuen Licht zu sehen, und verhalten Sie sich entsprechend. Wenn Sie sich ein emotionales Ziel setzen, dann tun Sie damit etwas ganz Wichtiges: Sie bestimmen selbst, wie Sie das Leben wahrnehmen wollen. Wie wir in Kapitel 2 bereits gesehen haben, ist die Art, wie wir etwas wahrnehmen, ein wichtiger Teil von uns. Sie ist das Ergebnis unserer Erziehung. Wahrnehmungen verändern sich nicht von selbst und schon gar nicht ohne bewusste Willensanstrengung.
- Sich um andere zu kümmern muss nicht automatisch heißen, dass man sich ständig ängstigt und Sorgen macht. Im Neuen Testament findet sich ein Vers, der einen der gesündesten psychologischen Tipps enthält, die ich kenne: «Macht euch keine Sorgen! Ihr dürft Gott um alles bitten. Sagt ihm, was euch fehlt, und dankt ihm!»

Es besteht ein enger Zusammenhang zwischen der emotionalen und der geistlichen Seite unseres Lebens. Deshalb sollten wir bei den Zielen, die wir uns setzen, beide Bereiche berücksichtigen.

Der beste Weg zu einem besseren Selbstbewusstsein

Der dritte Bereich, in dem Sie sich ganz konkrete Ziele setzen sollten, ist der geistliche. Manche meiner Klientinnen reagieren etwas argwöhnisch, wenn ich auf diesen Aspekt zu sprechen komme, weil sie Angst haben, es würde jetzt allzu «fromm» werden. Ich versuche sie jedoch ganz einfach darauf hinzuweisen, dass jeder Mensch eine geistliche Dimension und geistliche Bedürfnisse hat, ganz egal, was wir von «Religion» halten. Außerdem verhilft es uns zu einem besseren Selbstbild, wenn wir auch unsere geistlichen Bedürfnisse in Betracht ziehen.

Unser Selbstbild ist nichts Statisches, es ist nicht ein für alle Mal definiert, es ist nicht in Stein gemeißelt oder in Beton gegossen und mit Stahlstreben verstärkt. Unser Selbstbild ist eine Frage des Glaubens. Sag mir, an wen oder was du glaubst, und ich kann dir ziemlich genau sagen, wie es um dein Selbstbild bestellt ist.

Eines der besten Beispiele, wie der Glaube das Selbstbild beeinflusst, finden wir im Leben des Apostels Paulus, eines eifrigen Juden, der zum Christentum bekehrt wurde, als er gerade überlegte, wo er noch mehr Christen verfolgen könnte. Paulus wusste, was Stress ist. Er kannte auch den Kampf gegen ein schwaches Selbstbewusstsein. In einem seiner Briefe schrieb er: «Ich verstehe ja selber nicht, was ich tue. Das Gute, das ich mir vornehme, tue ich nicht; aber was ich verabscheue, das tue ich.»

Paulus erkannte seine Schwächen und Unvollkommenheiten und wandte sich an Gott um Hilfe. Er gab zu, dass er selbst nichts an seinem Selbstbild ändern konnte, sondern dass das Gottes Sache war. Ich sage meinen Klienten oft dasselbe, denn nichts ist stressiger als zu meinen, alles –

selbst das eigene Selbstbewusstsein – hänge allein von uns ab.

Ein einfaches geistliches Ziel könnte zum Beispiel darin bestehen, jeden Tag mit Gott zu reden. Danken Sie ihm dafür, dass er Sie geschaffen hat und Sie liebt. Tun Sie das regelmäßig, und Ihr Selbstbewusstsein wird sich unweigerlich bessern.

Ein anderes geistliches Ziel könnte es sein, eine christliche Gemeinde zu suchen, wo man Gott anbeten kann. Vielleicht geht es Ihnen wie Rahel und Andi: Sie haben früher einmal eine Gemeinde besucht, aber dann sind sie aus den unterschiedlichsten Gründen abgedriftet. Viele meiner Klienten sprechen davon, dass sie ihre «geistlichen Wurzeln vergessen haben». Manchmal ist es schwer, sich wieder darauf zu besinnen, aber es ist nicht unmöglich.

Ich weiß nur zu gut, dass ein Blick auf die geistliche Seite des Lebens unbequem, ja erschreckend sein kann. Vielleicht haben Sie den Eindruck, Gott habe Sie irgendwie hereingelegt oder Ihnen mehr als genug zugemutet.

Dieses Gefühl hatte Conny, zweiunddreißig Jahre alt und Mutter von drei Jungen im Alter von neun, sieben und sechs Jahren. Sie war das klassische Beispiel für eine Prinzessin, die einen Prinzen heiratet, der sich dann als Frosch entpuppt und von einem Schoß zum nächsten hüpft. In diesem Fall war es der Schoß einer Frau, die er bei seinem Job als Handelsvertreter kennen gelernt hatte.

Nach elfjähriger Ehe verließ er Conny wegen dieser anderen Frau. Geschichten wie die von Conny höre ich häufig in meiner Praxis. Sie war am Boden zerstört, weil ihr Mann sie verlassen hatte. Als besonders krass empfand sie, dass sie nun wieder zurück in den Beruf musste, nachdem sie jahrelang gearbeitet hatte, um das Marketingstudium ihres Mannes zu finanzieren!

Conny geriet in ihrer neuen Rolle als Alleinversorgerin für die Kinder sowohl körperlich wie emotional bald an den Anschlag. Schon nach wenigen Gesprächen spürte ich, dass sie sich nach einem inneren Frieden sehnte, der über eine rein emotionale Zufriedenheit hinausging. In der nächsten Sitzung versuchte ich, etwas tiefer zu bohren: «Darf ich fragen, wo Sie geistlich gesehen stehen?»

«Sie meinen, ob ich fromm bin?», fragte sie grimmig zurück.

Connys Antwort beschäftigte mich und bestätigte meine Befürchtungen. Es geschieht so oft, dass Menschen die geistliche Dimension des Lebens sofort mit «fromm sein» gleichsetzen (wobei der Begriff «fromm» für sie ganz negativ gefüllt ist). Conny machte da keine Ausnahme und nahm auch kein Blatt vor den Mund, als sie mir erklärte, mit Frömmelei habe sie nichts im Sinn. Sie war in einem streng «religiösen» Elternhaus aufgewachsen. Was sie am meisten gestört hatte, war, dass die Kirche anscheinend nur ihr Geld wollte.

Verständlicherweise wich sie zunächst aus, als ich ihr zu erklären versuchte, dass das Leben drei Dimensionen hat, eine körperliche, eine emotionale und eine geistliche. Jedes Mal, wenn ich Conny nach der geistlichen Seite und ihrer Beziehung zu Gott fragte, kam sie auf ihre Erfahrungen mit der Kirche zu sprechen.

Ich ging bei Conny ganz langsam und behutsam vor. Manchmal kam es mir so vor, als würde ich auf rohen Eiern balancieren. Ich erklärte ihr, jeder Mensch könne eine persönliche Beziehung zu Gott haben und sie könne Gott um Führung, Rat und Hilfe in ihrem Leben bitten und sich auf ihn verlassen. Es dauerte eine Weile, bis sie den Unterschied zwischen einer Beziehung zu Gott und der Mitgliedschaft in einer Kirche begriffen hatte. Doch allmählich begann sie sich auf das geistliche Risiko einzulassen. Interessant ist, dass gerade der Mut zum Risiko helfen kann, den Umgang mit Stress zu lernen. Wichtig ist nur, keine Risiken einzugehen, die zu groß oder zu beängstigend sind.

Conny jedenfalls begann sich der Liebe Gottes zu öffnen, und ganz allmählich spürte sie, dass es tatsächlich einen Gott gibt, der sich um sie kümmert und zu dem sie mit allen Problemen kommen kann.

Nach fast einjähriger Therapie ließ sie sich dann auf das größte Risiko von allen ein und begann eine Gemeinde zu besuchen, in der auch eine geschiedene Mutter mit drei Kindern verstanden und akzeptiert wurde. Sie engagierte sich in der Singles-Arbeit und hatte zum ersten Mal seit Jahren wieder das Gefühl, auch selbst geliebt zu werden.

Es war eine Freude, dabei zuzusehen, wie Conny geistlich wuchs und Gott immer mehr vertraute. Es tat auch gut zu beobachten, wie ihr Stressniveau sank und ihr Selbstbewusstsein zunahm. Ich bin überzeugt, eine der besten Methoden, mit Stress fertig zu werden, ist die, in Frieden mit unserem Schöpfer zu leben und eine Beziehung zu diesem Gott zu haben, auf den Verlass ist. Es geht nicht darum, zu einem bestimmten «Zweig» der Kirche zu gehören. Nicht die Religion ist die Antwort, sondern Gott. Er ist immer für uns da, wenn wir uns mit unserem Leben nur seiner Führung anvertrauen. Durch seinen heiligen Geist gibt er uns eine ungeheure Kraft.

Sie können lernen, flexibel zu reagieren

Wenn Sie Stress vorbeugen, Stress vermeiden und mit Stress auf hilfreiche Art umgehen wollen, müssen Sie die Kunst erlernen, flexibel auf Probleme und Schwierigkeiten zu reagieren.

Nehmen wir an, Sie geraten in eine Situation, die Sie genau geplant haben, und dann kommt auf einmal alles anders. Sie haben sich etwas Bestimmtes vorgenommen, und nun erweist sich das als undurchführbar. Wenn Sie nun an Ihren Plänen festhalten, provozieren Sie Frust oder Schlimmeres.

Wie sollten Sie auf die veränderte Lage reagieren? Wie nehmen Sie die Ursache des Problems wahr – als Bedrohung, die automatisch Stress hervorruft? Dann können Sie auf eine der üblichen Arten reagieren: Sie können in Panik geraten, wütend werden, ihren Frust an anderen auslassen, sich zum Narren machen. Oder Sie können erstarren, sich in Ihr Schneckenhaus zurückziehen und sich selbst bemitleiden.

Bei meiner Umfrage zum Thema Stress erhielt ich auf die Frage: «Wie reagieren Sie in einer Situation, die stressig werden kann?» von den unterschiedlichsten Frauen alle möglichen Antworten.

«Ich mache faule Witze.»

«Ich zögere, beginne zu grübeln und möchte dann am liebsten ganz aufgeben.»

«Ich werde nervös und rede wie ein Wasserfall.»

«Ich knabbere an den Fingernägeln herum, werde stumm und gereizt.»

«Ich werde aggressiv und ärgerlich – und schaffe dann leider gar nichts mehr.»

«Ich kann nicht mehr klar denken, ich rede zu viel, mache mir Sorgen.»

«Ich verdränge. Ich versuche, gar nicht da zu sein, obwohl das schwierig ist, wenn ich im Auto sitze und die Familie gerade eine ‹heftige Diskussion› führt.»

Am allerhäufigsten antworteten Frauen, sie würden wütend und könnten nicht mehr normal reagieren. Aber es kommt nicht darauf an, wie Sie versuchen, dem Stress zu entfliehen. Vielleicht gehen Sie an den Kühlschrank, oder Sie greifen zur Flasche. Vielleicht drehen Sie die Musik lauter oder schreien in ein Kissen. Vielleicht nehmen Sie auch Zuflucht zu Drogen – legalen oder illegalen. Der springende Punkt ist: Es gibt eine Alternative. Sie können anders handeln, als Sie es «immer schon gemacht haben», wenn Sie es wirklich wollen. Sie müssen die Dinge nicht so sehen, wie Sie sie immer gesehen haben. Wenn Sie Ihren Prioritätenmaßstab hervorholen, können Sie die Herrschaft über Ihr Leben behalten und positive Entscheidungen treffen.

Wenn Ihr Dreijähriger den Kakao über die Herdplatte schüttet, können Sie das als persönlichen Angriff auf Ihre geistige Gesundheit betrachten oder als Missgeschick einer kleinen dreijährigen Hand, deren Finger eine Tasse noch nicht immer richtig festhalten können. Ihr Kind braucht jetzt keine Schelte oder gar Schläge – aber Sie brauchen einen Putzlappen!

Wenn Ihr Mann überhaupt nichts zu dem Fischauflauf sagt, für den Sie zwei Stunden in der Küche gestanden haben, können Sie sich beleidigt in einen Schmollwinkel zurückziehen, oder Sie können Ihren Mann fragen, wie es ihm heute im Büro ergangen ist (vielleicht hat er da einen Riesenfrust erlebt).

Natürlich gibt es auch Momente, wo Sie es nicht schaffen und der Stress wieder die Oberhand gewinnt, aber davon müssen Sie sich nicht gleich unterkriegen lassen. Schon die Tatsache, dass Sie das erkennen und eigentlich wissen, wie Sie hätten handeln sollen (statt automatisch zu reagieren) ist ein Fortschritt. Zumindest merken Sie es jetzt, wenn Sie sich von anderen ihr Handeln vorschreiben lassen und, wichtiger noch, wenn Sie sich selbst ein Bein stellen.

Das Leben ist voll von möglichen Feinden. Druck und Spannungen und sogar das Vergnügen können zu Stressfaktoren werden. Sie müssen nicht sich selbst auch noch auf die Liste setzen. Sie können selbst bestimmen, Sie können flexibel reagieren und sich Ihr Handeln nicht von anderen vorschreiben lassen. So können die Siege häufiger werden als die Niederlagen.

Sie müssen die Hektik nicht mitmachen und sich durchs Leben schlagen mit dem Gedanken: «Ich kann ja doch nichts machen. Ich muss nur sehen, dass ich irgendwie durchkomme, ohne völlig durchzudrehen.»

Nein, Sie können Ihr eigenes Tempo bestimmen. Die Zeit ist eines der wenigen Dinge im Leben, über die wir nach eigenem Ermessen verfügen können – wenn wir es wollen. Sie können in Ihrem Tagesablauf kleine Nischen schaffen, die Sie «nur für sich selbst» haben; nicht weil Sie egoistisch sind, sondern weil Sie klug sind.

Sie können immer Zeit finden, um sich an Geist, Seele und Leib zu erholen, damit Sie Ihrer Aufgabe als Ehefrau, Mutter oder Berufstätige mit einem Minimum an Stress und einem Maximum an Freude und Zufriedenheit nachkommen können.

Ich weiß, dass das möglich ist – ich beobachte es im Leben der Frauen, die Woche für Woche zu mir in die Praxis kommen. Aber, wichtiger noch, ich beobachte es auch in meinem eigenen Leben, seit ich mit neuer Überzeugung versuche, selbst zu praktizieren, was ich meinen Klientinnen schon seit Jahren predige.

Heute Morgen zum Beispiel habe ich auf meine Liste der zu erledigenden Aufgaben nur einen Punkt notiert:

«SETZE PRIORITÄTEN
BEI DEINEN PRIORITÄTEN!»

Anhang

Tipps für ein ausgewogenes Leben

In Ihrem Leben sollte ein Gleichgewicht herrschen zwischen Ruhe, Arbeit und Erholung. Dazu einige Tipps, die zum Teil auf das Buch *Overcoming Stress* von Jan Markell (Wheaton 1983) zurückgehen.

1. *Sorgen Sie für genug Ruhezeiten.* Es heißt überall, wir sollten für ausreichenden Schlaf sorgen. Ruhe ist aber mehr als nur schlafen. Ruhen kann auch bedeuten, dass wir uns einfach einmal zurücklehnen und an eine schöne Gegend oder ein schönes Erlebnis denken. Ruhe kann ein Spaziergang sein oder der Anruf bei einer Freundin. Wichtig ist, dass wir dabei zufrieden sind und uns entspannen können.
2. *Überarbeiten Sie sich nicht, nur um Ihr Selbstwertgefühl aufzumöbeln.* Fragen Sie sich: «Warum tue ich diese Arbeit, und warum übe ich gerade diesen Beruf aus?» Holen Sie Ihren Prioritätenmaßstab hervor und prüfen Sie, ob Sie sich nicht von unserer materialistischen und konsumorientierten Gesellschaft haben verführen lassen, in der nur Geld und «Dinge» einen Wert haben. In den Sprüchen in der Bibel heißt es: «Versuche nicht, mit aller Gewalt reich zu werden» (Sprüche 23,4).

Harte Arbeit schadet nicht, solange sie nicht zu viel Stress verursacht. Wenn Sie hart arbeiten, sollten Sie darauf achten, dass Sie auch genug Zeit zum Spielen haben.

3. *Planen Sie Ihre Freizeit langfristig und lassen Sie nichts dazwischenkommen.* Lassen Sie sich nicht durch äußere Umstände von Ihren Plänen abbringen. Ein wichtiger Punkt ist sicher, das Telefon ruhig einmal läuten zu lassen und sich auch nicht unbedingt einen Anrufbeantworter anzuschaffen. In der Werbung redet man uns ein: «Diesen Anruf wollen Sie doch bestimmt nicht verpassen!» Meine Antwort darauf lautet: «Und warum nicht?»
4. *Versuchen Sie hin und wieder einfach einmal zu faulenzen.* Hören Sie dem Gezwitscher der Vögel zu oder dem Wind, oder legen Sie sich in den Liegestuhl oder die Hängematte und schauen Sie den Wolken nach.
5. *Pflegen Sie ein Hobby – irgendeine reizvolle Betätigung, die Sie jederzeit aufnehmen, aber auch ohne weiteres wieder beenden können.* Wenn Ihr Hobby Sie zu viel Zeit und Kraft kostet, ist es im Grunde kein Hobby mehr, und Sie sollten es aufgeben.
6. *Wenn Sie als Hobby Sport treiben wollen, suchen Sie sich eine Sportart, der Sie mindestens einmal pro Woche nachgehen können.* Achten Sie aber darauf, dass Sie sich dabei nicht so sehr mit anderen vergleichen oder nach Höchstleistungen streben, dass das Ganze in Stress ausartet. Der Sport sollte Spaß machen und nicht zur Last oder zur mühsamen Routine werden.
7. *Schließen Sie sich einer kleinen Gruppe an – einem Kreis von Freunden oder Bekannten, der sich regel-*

mäßig zu Austausch und gemeinsamen Unternehmungen trifft. Wenn Sie einer Kirchengemeinde angehören, wäre ein Hauskreis optimal.

8. *Nehmen Sie sich regelmäßig Zeit, etwas außer Haus zu unternehmen.* Überlassen Sie die Kinder einem Babysitter und gehen Sie mit Ihrem Mann aus (oder, wenn Sie Single sind, versuchen Sie wenigstens einmal einen Abend für sich zu haben). Wenn Sie berufstätig sind, rufen Sie nicht im Büro an, um sich zu erkundigen, wie man ohne Sie zurechtkommt, und rennen Sie auch nicht sofort nach Hause, um den Anrufbeantworter abzuhören.
9. *Lassen Sie sich nicht von der Uhr tyrannisieren.* Durchsuchen Sie Ihren Tagesablauf einmal nach «Zeitfressern». Hängen Sie zu lange am Telefon? Sehen Sie zu viel fern? Lesen Sie zu viele Zeitschriften? Planen Sie für Ihre Termine und die verschiedenen Tätigkeiten mehr Zeit ein, als Sie eigentlich brauchen. Ziehen Sie den zeitlichen Rahmen nicht so eng, dass kein Platz mehr ist für Unterbrechungen oder Unvorhergesehenes.

In Ergänzung zu diesen Tipps nachfolgend noch ein paar Hinweise, wie Sie den Umgang mit Stress lernen können:

- *Achten Sie darauf, was in Ihrem Leben Stress hervorruft.* Wenn Ihr Körper Ihnen mitteilt, dass Sie sich zu sehr unter Druck setzen, dann stecken Sie zurück. Lernen Sie es, auf körperliche Signale wie Gereiztheit, Schlafstörungen oder ständige Müdigkeit zu achten.

- *Vermeiden Sie es, mehrere stressige Projekte oder Ereignisse unmittelbar hintereinander in einen Tag oder eine Woche hineinzupacken.* Versuchen Sie, wo immer möglich, Ihre Zeit so zu planen, dass Sie «kreative Pausen» und Erholungsphasen einbauen können.
- *Lernen Sie es, mit den eigenen Unvollkommenheiten und mit denen von anderen Menschen zu leben.* Die Perfektionistin, die überall nach Fehlern sucht, programmiert Niederlagen und Versagen geradezu vor. Perfektionismus führt oft zu Lähmung. Man schiebt Dinge auf, weil man befürchtet, sie nicht zur eigenen Zufriedenheit erledigen zu können. Das steigert nur den Druck und den Stress. Sagen Sie sich immer wieder: «Niemand ist vollkommen, auch ich nicht!»
- *Setzen Sie alles daran, einen Kreis aus Freundinnen und Familienmitgliedern aufzubauen, der Sie unterstützt.* Wenn Sie bei Ihrem Mann nicht viel Rückhalt finden, dann suchen Sie den Kontakt zu anderen Müttern, die Ähnliches erleben wie Sie. In einer Umfrage wurden einhundert Mütter in zwanzig Städten danach gefragt, an wen sie sich in Stresszeiten wenden würden. Fünfundneunzig Prozent der Antworten lauteten: «Wir helfen einander meistens gegenseitig.»
- *Versinken Sie nicht im Selbstmitleid.* Seien Sie dankbar für alles Gute, an dem Sie sich freuen können. Wie Rita Davenport gesagt hat: Sie können zumindest dankbar sein, dass alles nicht noch viel schlimmer ist!
- *Bauen Sie mit Lachen oder Weinen Stress ab.* Wenn Sie nicht der Typ sind, der seinen Gefühlen körperlich Ausdruck verleihen kann, dann versuchen Sie

es mit einem Tagebuch und bringen Sie Ihre Gefühle zu Papier.

- *Achten Sie darauf, dass Sie nicht zu viele negative Nachrichten an einem Tag aufnehmen.* Sehen Sie beispielsweise weniger fern. Sie müssen nicht den Kopf in den Sand stecken und die Welt mit ihren Problemen völlig ignorieren. Aber Sie sollten sich bewusst sein, dass Sie nur eine bestimmte Menge an Negativem verkraften können.
- *Vermeiden Sie ungesunde und unnötige Auseinandersetzungen.* Manche Mütter vergleichen zum Beispiel ihre Kinder gern mit anderen, weil das ihrem Ego schmeichelt und sie auf diese Art gewissermaßen Punkte sammeln wollen. Wenn Sie mit einer solchen Frau zusammen sind, versuchen Sie das Thema «Kinder» zu meiden, oder, wenn das nicht möglich ist, gehen Sie der Frau ganz aus dem Weg.
- *Machen Sie einen Schritt nach dem anderen.* Fangen Sie kein zweites Projekt an, solange das erste noch nicht fertig ist. Die Regel lautet: «Erst A, dann B, dann C ...»
- *Beharren Sie nicht immer auf Ihrem Recht.* Nachgiebigkeit und Kompromissbereitschaft sind weit weniger stressig.
- *Seien Sie ehrlich – mit anderen und mit sich selbst.* Wer immer versuchen muss, etwas zu verbergen oder anderen etwas vorzuspielen, der setzt sich unter enormen Stress.
- *Immer mit der Ruhe!* Sprechen Sie nicht so schnell, hetzen Sie nicht, schlingen Sie das Essen nicht so schnell hinunter. Das musste ich zum Beispiel lernen.

Seither versuche ich mich immer wieder zu fragen: «Muss das jetzt eigentlich so schnell gehen?»

- *Gewöhnen Sie sich an, Ihrer Familie sowie Kolleginnen und Kollegen nette Dinge zu sagen oder ihnen eine kleine Freude zu bereiten.* Seien Sie großzügig mit Komplimenten und Küssen (in angemessener Weise natürlich).
- *Bauen Sie in Ihren Arbeitstag Stressableiter ein.* Machen Sie über Mittag einen kurzen Spaziergang. Machen Sie ein paar Gymnastikübungen, anstatt die Stress fördernde Tasse Kaffee zu trinken. Versuchen Sie, keine Arbeit mit nach Hause zu nehmen, und lernen Sie abzuschalten, bevor Sie von der Arbeit nach Hause kommen. Behalten Sie die Kontrolle über Ihre Arbeit, und lassen Sie sich nicht von der Arbeit beherrschen.
- *Tanken Sie geistlich auf.* Beginnen Sie den Tag wenn immer möglich mit Gebet und einem Blick in die Bibel. Versuchen Sie nicht, mit Ihrem Schöpfer irgendeinen Handel abzuschließen, damit er Sie vor «stressigen Situationen bewahrt». Vertrauen Sie ihm einfach und nehmen Sie ihn ganz bewusst mit in Ihr Leben hinein. Sie werden trotzdem mit Stress zu kämpfen haben, aber Sie können aus einer Kraft schöpfen, die nicht aus Ihnen selbst kommt.